# SAINT-EUSTACHE

# SAINT-EUSTACHE

## HISTOIRE

ET

## VISITE DE L'ÉGLISE

PAR

L'ABBÉ KŒNIG, VICAIRE

EAUX-FORTES DE CHAUVET

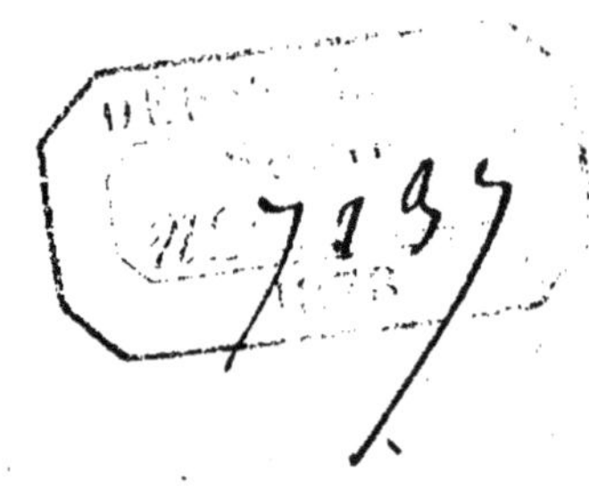

## PARIS-AUTEUIL

IMPRIMERIE DES APPRENTIS ORPHELINS. ROUSSEL

40, RUE LA FONTAINE, 40

Se vend à la porte de l'Eglise Saint-Eustache, et chez
l'auteur au presbytère.

—

1878

Au moyen âge, Paris a bâti une merveilleuse basilique, Notre-Dame, et, à la Renaissance, Saint-Eustache, monument incomparable, que nos pères appelèrent longtemps Notre-Dame des Halles. Un troisième édifice religieux fera époque : l'église du Vœu national au Sacré-Cœur, construite par le cardinal-archevêque de Paris, aidé de Dieu et de la France entière. Ses fondations ont demandé un travail gigantesque dans les flancs de la butte Montmartre ; il est terminé aujourd'hui. L'église votive peut s'asseoir fière et tranquille sur la colline sacrée de nos martyrs et dominer pour de longs siècles la ville immense, la cité terrible.

Le style a été bien choisi : c'est le byzantin ; le style des premières basiliques chrétiennes, le style de Sainte-Sophie de Constantinople et de Saint-Marc de Venise. En France, il n'existe qu'une seule cathédrale byzantine, Saint-Front de Périgueux, reconstruite presque entièrement par M. Abadie, l'architecte de l'église du Sacré-Cœur, tandis qu'on peut admirer quarante cathédrales gothiques : Chartres, Amiens, Reims, Beauvais, Bayeux, Coutances, Bourges, etc. Il serait impossible aujourd'hui d'élever de pareilles églises ; celles construites à notre époque ne le prouvent que trop.

Le style byzantin est plus pratique. Ce qui a été fait à Périgueux promet à Paris, avec la position de Montmartre, une œuvre grandiose et digne de la France. Simple et majestueux, avec ses contre-forts puissants, ce style soutiendra dans les airs une grande coupole entourée de quatre plus petites, toutes surmontées de lanternes élégantes. Le grand portail orné de statues équestres, les façades latérales, la grande tour carrée du chevet compléteront la basilique et en feront un monument unique au monde. C'est pour apporter une pierre dans sa construction qu'a été écrite cette monographie de Saint-Eustache, monument unique aussi et admiré tous les jours par de nombreux visiteurs.

Cette étude aura une partie historique et une partie descriptive. Remonter à l'origine de Saint-Eustache, raconter sa construction durant plus de cent ans, rappeler quelques souvenirs historiques; décrire ensuite ses différentes parties à l'extérieur et à l'intérieur, en guidant le visiteur au milieu de tant de richesses architectoniques et artistiques : tel est le plan que l'auteur se propose de suivre.

Pour ne pas surcharger ce travail d'une foule de notes et parenthèses, il ne citera pas toujours les noms des écrivains, des historiens, des biographes qui lui ont fourni chaque renseignement, chaque trait, chaque détail spécial; mais il doit indiquer ici les sources où il a puisé davantage; ce sont les notices sur Saint-Eustache de M. Le Roux de Lincy, de M. de Guilhermy et de M. Gaudereau, ancien curé de la paroisse.

# HISTOIRE DE SAINT-EUSTACHE

# ORIGINE DE L'ÉGLISE



Sous la domination des Romains, vers le temps de l'empereur Julien l'Apostat, l'emplacement de l'église Saint-Eustache paraît avoir été consacré à la déesse Cybèle. Cette conjecture s'appuie sur la découverte, à l'entrée de la rue Coquillière, d'une tête colossale en bronze de cette mère des dieux. Sur les ruines de son temple, les chrétiens aimèrent à bâtir, on ne sait à quelle époque, une chapelle ou oratoire dédié à sainte Agnès, la jeune et illustre martyre de la la ville de Rome.

L'abbé Le Beuf dit que cette chapelle avait été construite vers 1200, et sans qu'on sache par qui. Il ne fait pas mention, bien à tort, d'une tradition populaire qui nous a été transmise par Gilles Corrozet, le premier des historiens de Paris.

« Un bourgeois de cette ville, nommé Jean Alais, avait obtenu du roi, en considération d'un service d'argent qu'il lui avait rendu, de prélever un impôt d'un denier sur chaque panier de poissons vendu aux Halles. Le remords ne tarda pas à s'emparer de ce publicain novice, qui s'adressa au roi pour obtenir la révocation de cet impôt. Ce louable repentir ne servit pas

aux gens qu'il voulait dégréver. La ferme passa
à un autre, avec la surcharge d'usage. Jean
Alais, dit-on, en mourut de regret, après avoir,
en expiation de sa faute, construit une chapelle
dédiée à sainte Agnès. En mourant, il voulut,
en esprit de pénitence et d'humilité, qu'on l'en-
terrât auprès de cette chapelle, à l'endroit même
où tombait le ruisseau des halles. On y mit une
longue pierre qui se voit encore et qui sert de
pont aux passants en temps de pluie. De là le
nom de Pont-Alais, qui lui fut donné. »

Cette légende, qui a le mérite d'être morale,
n'a rien, d'ailleurs, qui soit contre la vraisem -
blance ni contre l'esprit de l'époque.

Cette chapelle Sainte -Agnès est nommée pour
la première fois, dans une sentence arbitrale de
1213; elle est désignée comme se trouvant sur
le vaste territoire de Saint-Germain l'Auxerrois, fille aînée de Notre-Dame, à peu de distance
du grand cimetière des Saints-Innocents et sur la
voie de Paris à Montmartre. Quels que soient la
date de sa construction et le nom de son véritable fondateur, il est certain qu'en 1213, elle avait
le titre de paroisse, et un curé prenant pour ar-
bitre, dans un différend avec le doyen de Saint-
Germain l'Auxerrois, l'abbé de Sainte-Geneviève et le doyen du chapitre de Notre-Dame de
Chartres.

Peu d'années après, en 1223, il en est fait mention dans une charte, sous le nom d'église de

Saint-Eustache, qu'elle n'a plus cessé de porter. Cette charte est une sentence de l'évêque de Paris et de deux de ses chanoines, dans un nouveau différend entre maître Simon, *prestre de l'église Saint-Eustache,* et le doyen de Saint-Germain.

L'abbé Le Beuf admet, avec toute vraisemblance, que vers cette époque, la population s'étant accrue, on aura agrandi et presque entièrement rebâti la première église, à laquelle on aura donné le nom de Saint-Eustache, après y avoir apporté quelques reliques de la châsse de ce saint, conservée dans l'abbaye de Saint-Denis depuis cent ans. De nombreux exemples nous prouvent que le don de quelques reliques suffisait alors pour faire substituer un autre saint à l'ancien patron d'une église.

Le souvenir de sainte Agnès n'a cependant pas été mis en oubli, et son culte est encore aujourd'hui associé à celui de saint Eustache. Elle est patronne primaire de la paroisse. Sa crypte existe toujours sous la chapelle de la Sainte-Vierge. Occupée par ceux que Notre-Seigneur chassait du Temple, elle sera rendue, à l'expiration d'un bail, à cette douce protectrice et à ceux qui aiment à l'invoquer.

Aucun renseignement n'est arrivé jusqu'à nous sur la structure de l'édifice qui a subsisté jusqu'au seizième siècle. On sait seulement qu'en 1429, le maître-autel fut avancé d'un pied;

un autel dédié à saint Grégoire y était adossé, il fut détruit, afin de faciliter le passage vers la crypte de Sainte-Agnès. En 1434, l'église est élargie *pour la multiplication du peuple*, dit la supplique à l'évêque de Paris. En 1466, on emploie, pour un nouvel agrandissement, la plus grande partie d'une maison de la rue du Jour, alors rue du *Séjour*, attenant à l'hôtel de Royaumont. Il y eut enfin, en 1495, un dernier accroissement, pour lequel l'évêque de Paris donna aux marguilliers une petite place située rue Montmartre, à l'encoignure du Pont-Alais.

## CONSTRUCTION DE L'ÉGLISE (1532-1642)

De l'état de simple chapelle, Saint-Eustache
était devenu en trois siècles l'église de la paroisse la plus riche et la plus peuplée de Paris.
Il lui fallait un monument proportionné à son
importance. Le 10 août 1532, Jean de la Barre,
comte d'Etampes, prévôt de Paris et lieutenant
général au gouvernement de cette ville, posa
la première pierre de l'édifice nouveau sous
le règne de François I$^{er}$ et le pontificat de Clé -
ment VII.

Certains auteurs, avec Le Beuf, ont dit que
l'architecte de Saint-Eustache serait Charles
David. A la vérité, il y a eu un Charles David
qui fut enterré à Saint-Eustache, et dont l'épitaphe porte qu'il était architecte et conducteur
du bâtiment de cette église. Il mourut en 1650,
à l'âge de 98 ans. Il n'était donc né qu'en 1552.
En supposant qu'il ait pu faire ses premiers
travaux à l'âge de 25 ans, il y avait toujours
quarante-cinq années que l'église était commencée. Il n'a donc pas été le premier architecte de Saint-Eustache; il n'a pu que pour-
suivre et achever la construction de l'église sur
les plans de son prédécesseur.

Mais ce premier architecte, quel est-il? Si l'on

observe que les deux grands monuments de Paris au XVI<sup>e</sup> siècle, Saint-Eustache et l'Hôtel de Ville, sont contemporains : le premier de 1532, l'autre de l'année suivante, on peut supposer que Dominique de Cortone, autrement dit le Boccador, ou un de ses élèves venu avec lui d'Italie, a commencé Saint-Eustache. L'analogie dans le style, la ressemblance frappante entre la façade du Boccador à l'Hôtel de Ville et la façade méridionale de la rue des Prouvaires construite de 1539 à 1541, les mêmes niches, les mêmes dais pour les statues, autorisent et appuient fortement cette supposition.

Les travaux devaient durer plus d'un siècle; les fonds amassés ne répondaient pas aux plans arrêtés, et les libéralités ne parvenaient jamais à combler le déficit. Cependant, au bout de quatre ans, en 1536, l'évêque de Mégare vint consacrer plusieurs autels. En 1537, quatre grands piliers de la nef centrale étaient construits; le gros pilier de gauche porte cette date. Sur le côté droit du portail du midi se voient les dates de 1539 et 1540. Mais à partir de cette année jusqu'en 1589, nous n'avons rien trouvé qui puisse se rapporter à la construction de Saint-Eustache, si ce n'est que jusqu'en 1552, les ouvriers furent payés sur le produit des aumônes offertes par les Parisiens pour la dispense du beurre et du lait pendant le carême.

En 1589, les travaux de construction étaient

en pleine activité; c'est ce qu'on peut inférer d'un
passage d'un registre de la paroisse Saint-Eustache où l'on voit qu'il fut fait aux marguilliers
une demande de transport de sépulture d'une
chapelle dans une autre, « pour obvier à la né-
» gligence que l'on pourrait avoir desdits deux
» corps, lorsque ladite chapelle Saint-Michel
» serait mise bas *pour unir et faire à perfec-*
» *tion la maçonnerie et nouveaux bâtiments.* »

Quoi qu'il en soit de ces travaux de 1589, ils
furent suspendus dans la suite, faute d'argent,
pendant les longues années de dissensions religieuses et de guerres civiles. Nous en avons la
preuve pour 1612, dans le passage suivant du
père du Breul, qui écrivait à cette époque dans
son *Théâtre des antiquités de Paris*, page 793 :
« Ce sera, dit-il, en parlant de Saint-Eustache,
un des plus beaux bâtiments de l'Europe, s'il
peut être parfait comme il a été commencé; car
rien n'y manque pour ce qui est de la perfection
de l'architecture, soit pour le haut, exhausse-
ment des fenêtres et ouvertures et aussi l'enri-
chissement des diverses frises et moulures de
toutes sortes et façons. *Toutefois pour la
grande despense qu'il y conviendrait faire, il
est demeuré imparfait jusqu'à présent.* »

Les travaux ne furent repris qu'en 1624. On
trouve à ce sujet dans le supplément à l'ouvrage
de du Breul, des renseignements trop importants
pour ne pas être reproduits ici; car c'est à peu

près tout ce qu'on possède de certain sur la construction de notre église. « L'an 1624, on recommença à travailler au parachévement de l'église Saint-Eustache, singulièrement au chœur.

(Sauval donne aussi cette date de 1624 pour celle du commencement du chœur.)

» L'ancien ayant esté abattu jusqu'aux fondements, on voulut premièrement égaler le chef de l'église aux deux croisées d'icelles, parfaites excepté les voultes, et le faire respondre à la nef. Les cloches furent ostées du clocher et mises au bas, au costé droit. Ce clocher fut partie abattu, excepté la montée, où aboutist l'horloge au coin de la rue Montmartre. Le chœur fut parachevé en l'an 1633 de pareille hauteur que la croisée, tout de belles pierres de taille, et ensuite la nef parachevée depuis un an (en 1639, époque où parut le supplément à du Breul), pour ce qui est de sa voulte, de sorte que le chœur, les croisées et la nef sont à présent entièrement voultés et embellis de vitres. Le portail est fort massif, illustré d'ouvrages et ciselures de pierre. Au-dessus de la grande porte par dehors est une galerie environnée de balustres; aux deux coings de ce portail sont commencées deux grosses tours, En celle de main droicte sont les cloches. Aux deux costés de devant sont les images de pierre de saint Eustache et de sainte Agnès, patrons

de la dite église et au dehors (un assez ample
parvis entouré de piliers. Le chœur est un des
plus beaux et un des plus grands de Paris après
celui de Notre-Dame, large, spacieux, garni de
quatre rangées de chaises; l'autel est fort haut
en forme de frontispice, enrichi de six colonnes de marbre, d'un riche tableau au fond et
d'un tabernacle ample et grand de bois ciselé
et doré. Toute la clôture de ce chœur est composée de piliers de cuivre et de marbre. Au
derriére est un autre autel de bois où l'art de
la menuiserie n'est pas épargné, non plus que
l'or et le marbre, et dans cet autel est le sainct
ciboire où repose le saint Sacrement. »

(Supplément des *Antiquités de Paris*, page 55.)

Piganiol de la Force, qui écrivait au siècle suivant, parle seulement de l'ancien portail. Il était
formé, dit-il, « par six piliers buttants d'environ
trente pieds de saillie au delà du pignon, dont
deux aux encoignures de dix pieds d'épaisseur;
deux autres de treize pieds servaient à soutenir
la poussée des arcades intérieures qui exigeait
une grande solidité. Ces quatre piliers formaient
trois travées : dans celle du milieu était la porte
d'entrée; les deux autres avaient été construites
pour porter deux tours, et dans leur intérieur,
M. Colbert avait fait construire deux chapelles,
l'une pour les mariages et l'autre pour les
fonts. »

(*Description de Paris*, t. III, page 206.)

On n'est pas d'accord sur la date de l'achèvement de Saint-Eustache. On peut cependant
contenter tout le monde en indiquant trois dates
certaines. La construction était terminée en 1637,
car l'inscription de la consécration de l'église
porte cette date et dit : *Ceste église ayant ésté
rebastie de nouveau de fonds en comble.* Des
travaux de sculpture ou de décoration intérieure
furent encore exécutés au portail nord jusqu'en
1640; cette date est tracée, en gros caractères, au-
dessous de la rose. Enfin, en 1642, tout était bien
fini. « Ce bâtiment, écrit Piganiol, ne fut achevé
qu'en 1642. Il ne l'aurait pas été sitôt si le chancelier Séguier et Claude Bullion, surintendant
des finances, n'avaient donné des sommes très-
considérables pour sa perfection. »

Le chancelier, en effet, et Claude Bullion offri-
rent plusieurs fois de très-fortes sommes pour
presser l'achèvement du chœur et de l'abside. Dans un inventaire de la fabrique daté
de 1663, on voit aussi qu'un M. de Beaumont
donna huit mille livres *pour le bastiment*, et une
épitaphe relatait que Bénigne Bernard, baron de
Boves, mort en 1626, laissa à la fabrique une
somme de dix mille livres pour l'achèvement de
l'église.

Il était bien juste de nommer ici les principaux
bienfaiteurs qui aidèrent à terminer Saint-Eustache. Si cette merveilleuse église fût restée ina-
chevée, avec le goût qui allait régner cinquante

Ancien Portail.

ans plus tard, peut-être aurait-elle été démolie ? *Son aspect barbare choque les yeux,* dira-t-on bientôt. Ce jugement n'est pas téméraire. L'histoire de son grand portail est là.

C'était une grande et riche construction, parfaitement appropriée au style de la nef; on avait pu dire de lui qu'il était un des plus beaux de Paris par son ampleur et l'excellence de ses ouvrages taillés fort mignonnement et fort délicatement dans la pierre. Pour faire place à celui que l'on voit aujourd'hui, il fut démoli, sans même calculer les conséquences de cette destruction.

L'ancienne gravure de ce portail nous est restée pour l'honneur des arts; nous pouvons comprendre la perte qu'a faite Saint-Eustache et avoir une idée du vandalisme qui va durer deux siècles. Nos lecteurs en jugeront eux-mêmes d'après la reproduction à l'eau-forte de cette gravure que nous mettons sous leurs yeux. Ce portail, espérons-le, sera bientôt peut-être reconstruit à la place de celui du dix-huitième siècle rasé à son tour, et l'église entière se présentera aussi belle et aussi parfaite qu'au jour où elle fût consacrée par Messire Jean de Gondy, premier archevêque de Paris, le vingt-sixième jour d'avril 1637 (1).

(1) Nous soumettons à qui de droit et pour ce qu'il vaut le projet suivant : les matériaux du portail, les fûts de colonnes pourraient être utilisés ailleurs, à Saint-Nicolas du Chardonnet, par exemple, pour lui faire une façade sur la rue Monge. Cette église de même style n'a pas d'entrée principale.

Plus d'un siècle s'est donc écoulé depuis la pose de la première pierre : le plan primitif a été scrupuleusement observé, et l'architecture présente un caractère d'unité bien rare dans les édifices dont la construction a duré aussi longtemps. Saint-Eustache, la Notre-Dame des Halles, a toujours joui à Paris d'une grande réputation; aussi, à l'instar des grandes réputations, a-t-il été souvent attaqué. Sauval et Piganiol de la Force le critiquent beaucoup et assez mal à propos, car leur critique semble porter sur ce qu'ils trouvaient Saint-Eustache trop gothique, ne se rapprochant pas assez d'un temple, écrivaient-ils. Quant à l'abbé Le Beuf, avec son mauvais goût bien connu, malgré toute sa science, il ne pouvait guère s'en montrer enthousiaste; aussi n'en dit-il que fort peu de chose. Seuls le Père du Breul et son continuateur, en bons Parisiens qu'ils étaient, et tout fiers d'avoir vu achever Saint-Eustache, en ont parlé avec éloge.

Cet édifice est après Notre-Dame la plus vaste église de Paris, et de tout temps on a fait des comparaisons entre ces deux monuments. Notre-Dame est bien la sainte et noble église du XIII$^e$ siècle, tandis que l'autre est une grande église du seizième. Certes, après avoir franchi ces trois siècles, on trouve que l'art a bien changé; mais l'esprit, lui aussi, n'a-t-il pas changé, et que peut l'art contre l'esprit? Ici cependant la vieille idée est restée maîtresse du terrain et s'est imposée à lui. Au fond, le plan est encore le même : une vaste croix latine formée d'une nef et d'un chœur d'une dimension à peu près égale, même double rang de collatéraux, presque la même élévation dans les voûtes.

Notre église est la transition du gothique à la Renaissance. On y trouve la grave simplicité du premier style et l'élégance du second. Heureuse époque justement admirée par les artistes ! Elle n'avait pas encore donné dans les excès qui l'ont profanée et lui ont enlevé son caractère religieux. Ce style, d'ailleurs, ne nous venait-il pas d'Italie avec le Boccador et ses élèves. Ces ornements exquis et purs, Raphaël en couvrait depuis vingt années les loges du palais de Léon X. L'hôtel de Ville n'existant plus, Saint-Eustache est aujourd'hui un monument sans pareil, considéré comme une des plus belles productions de la Renaissance.

Sans doute, il y a des parties incomplètes, il y a quelques détails négligés. Le transept et les quatre chapelles situées à gauche du portail nord, ont un cachet de simplicité, de souplesse, d'aisance ; les voûtes, les portails correspondants ont une somptuosité et une élégance dont les autres portions de l'édifice ne jouissent pas à un degré aussi supérieur ; mais qu'on remarque qu'il y a deux âges dans cette construction : l'un où présidaient des artistes habiles, l'autre où travaillaient des ouvriers froids, routiniers, imitateurs sans génie propre.

Quoi qu'il en soit de ces imperfections de détail, on ne peut s'empêcher de proclamer que cet édifice rappelle noblement la piété de nos ancêtres, et qu'il efface par la grandeur de son caractère les temples construits dans les siècles de scepticisme, d'indifférence religieuse ou de sensualisme opulent. Que serait-ce si nous le voyions dans toute sa richesse première, si nous pouvions lire ces épitaphes de marbre dont les murs étaient couverts, admirer les mausolées qu'il recélait sous ses voûtes; s'il nous était donné de faire renaître ce maître-autel aux colonnes de marbre, en forme de frontispice, charmant diminutif de la façade de l'église Saint-Paul Saint-Louis, ce tabernacle en bois doré avec ses petits piliers de cuivre, cette exposition permanente du saint Sacrement dont les colonnes étaient de porphyre? Autour de l'autel étaient rangées dix statues sorties du ciseau de Jacques Sarrazin. Cet artiste avait représenté saint Louis sous les traits de Louis XIII, la Vierge sous la figure d'Anne d'Autriche, et l'Enfant Jésus qu'elle tenait dans ses bras rappelait Louis XIV enfant. Au dessus, on apercevait saint Eustache et sainte Agnès, et plus haut deux anges superbes de mine et de maintien placés en adoration.

Plusieurs écrivains ont répété que l'élévation

de l'église n'était pas en rapport avec sa longueur, et qu'elle était trop considérable. Ils ne savaient donc pas que la construction du nouveau portail avait pris une travée entière à la grande nef et deux chapelles aux bas-côtés. Pour exécuter cette façade de mauvais goût, dont personne ne conteste la médiocrité, Mansard de Jouy, l'architecte, n'hésita pas à sacrifier la justesse des proportions de l'église et deux chapelles admirables bâties et décorées aux frais de Colbert. Ces deux chapelles, les plus précieuses peut-être de tout le bâtiment, étaient à droite la chapelle des fonts baptismaux et à gauche celle des mariages. La première était peinte à fresque par Mignard et représentait à la voûte le ciel entr'ouvert et Dieu au milieu de ses anges; à droite la Circoncision, et à gauche le baptême de Jésus–Christ. Molière avait chanté cette chapelle dans sa pièce de vers intitulée *la Gloire du Val-de-Grâce*. Après avoir exalté les talents de l'éminent artiste dans les peintures dont il avait orné la coupole du Val–de–Grâce, le poëte en vient à louer les fresques de Saint-Eustache.

Colbert, dont le bon goût suit celui de son maître,
A senti même charme et nous le fait paraître.
Ce vigoureux génie au travail si constant,
Dont la vaste prudence à tous emplois s'étend,
Qui du choix souverain tient par son haut mérite
Du commerce et des arts la suprême conduite,
A d'une noble idée enfanté le dessein,
Qu'il confie au talent de cette docte main,

Et dont il veut par elle attacher la richesse
Aux sacrés murs du temple où son cœur s'intéresse (St-Eust.).
La voilà cette main qui se met en chaleur ;
Elle prend les pinceaux, trace, étend la couleur ;
Empâte, adoucit, touche et ne fait nulle pose.
Voilà qu'elle a fini : l'ouvrage aux yeux s'expose,
Et nous y découvrons aux yeux des grands experts
Trois miracles de l'art en trois tableaux divers.


La chapelle des Mariages, aussi peinte à fresque, était l'œuvre d'un élève de Lebrun, Charles de Lafosse, qui peignit plus tard le dôme des Invalides. La voûte montrait Dieu entouré des quatre évangélistes, bénissant d'un côté le mariage d'Adam et d'Ève, et de l'autre celui de Marie et de Joseph. Assurément la perte de ces deux chapelles n'a pu être compensée par l'indigne bâtisse grecque que l'on n'a jamais osé terminer.

# SOUVENIRS HISTORIQUES

A partir du XVI<sup>e</sup> siècle jusqu'à la révolution, Saint-Eustache eut le titre de paroisse
royale. Tous ses actes portent l'entête : *Église
paroissiale et royale de Saint-Eustache.* Son
territoire s'étendait de la rue Saint-Denis à la
chaussée des Gaillons. Paroisse et quartier à la
mode, ses environs étaient très-recherchés. Le
voisinage du Louvre et des Tuileries, qui, depuis la mort de Henri II, devinrent les habitations
ordinaires des rois de France et des princes de
leur famille, attira de ce côté les personnages
les plus considérables du royaume. C'est ainsi
que les ministres favoris de Henri III, Louis XIII
et Louis XIV fixèrent leur demeure dans cette
partie de la ville : le duc d'Epernon, rue Platrière (aujourd'hui rue Jean-Jacques-Rous-
seau) (1); le cardinal Richelieu, rue Saint-Honoré, au Palais-Cardinal, plus tard Palais-Royal;
Mazarin, rue Neuve-des-Petits-Champs. Autour de ces dispensateurs du pouvoir royal vinrent habiter une foule de gentilshommes, de
magistrats et de financiers.

---

(1) Depuis le mois de mai 1792, la rue Platrière a reçu le nom de Jean-
Jacques Rousseau, qui a habité, en 1770, le quatrième étage du n° 49.
où l'on voit son buste.

Ainsi en vue, plusieurs des curés de Saint-Eustache furent confesseurs du roi et de la reine ou leurs prédicateurs; tous entretenaient des rapports suivis avec la cour, les princes et les grands seigneurs, sans pour cela cesser d'être très-populaires aux Halles.

Les événements dont l'église et la paroisse ont été le théâtre, les noms de ceux dont les cendres reposaient dans ses caveaux ou ses cimetières, prouvent assez le haut rang qu'occupait à Paris cette cure célèbre entre toutes.

Dès François I<sup>er</sup>, vers 1537, le curé de Saint-Eustache, messire Jean Lecoq, prêchait devant le roi, le cardinal de Lorraine, frère du duc de Guise, le cardinal de Tournon, les dames et les seigneurs de la cour. Dans la ville, comme à la cour, il n'est question que des prêches du curé de Saint-Eustache, *estonnant de vérité*, disent les uns, entachés de la nouvelle doctrine selon d'autres critiques. Le roi lui-même, incertain de ce qu'il devait croire, fut quelques jours inquiet. Mais les cardinaux le rassurèrent vite.

C'était le temps où commençaient, à Paris, les terribles mouvements suscités par les haines religieuses : l'église souffrit beaucoup; les travaux de la nouvelle, à peine commencés, furent interrompus, et en 1558, Saint-Eustache fut le théâtre d'un événement tragique. Un écolier, traité de luthérien par une vieille femme, fut, en

un instant, traîné hors de l'église et massacré
sur les marches.

A cette époque si triste, on contait cependant une plaisante histoire, bien peu authentique, dans laquelle le curé de Saint-Eustache n'a pas le dernier mot. C'est bien l'esprit frondeur de la réforme. Bonaventure Déperriers rapporte cette anecdote dans ses *Joyeux Devis*, et après lui, qui ne l'a pas racontée? Jean de l'Espine, dit Pont-Allais, fort populaire sous François Ier, était auteur, acteur et directeur des spectacles badins. Il faisait un jour battre le tambour, près de l'église, pour annoncer l'une de ses représentations. Le curé, qui était en chaire et dont le tambour couvrait la voix, sort aussitôt et court vers Pont-Allais :

— Qui vous a fait si hardi de jouer pendant que je prêche?

Le comédien lui répond avec un insolent sang-froid :

— Qui vous a fait si hardi de prêcher tandis que je tambourine?

Le curé, indigné de cette réponse, crève le tambour.

Pont-Allais, toujours batéleur, saisit le prêtre, le coiffe de son tambour et le pousse dans l'église.

Ce trait ne peut s'appliquer qu'à M. Lecoq ou à l'un de ses vicaires.

Ce curé célèbre mourut en 1568. Il fut inhumé

dans le chœur, sous la lampe, au milieu de tous ses parents; son épitaphe, portant son blason *d'azur au coq d'or*, était ainsi conçue :

*Nobilis venerabilis D. Magister Joannes*
*Lecoq.*
*Hujus ecclesiœ pastor* — 1568.

Tout autour se lisaient les inscriptions suivantes :

ANT. LECOQ, SEIG. D'ESGRENAY ET DE CORBEUIL (frère du curé), 1566

F. PAJOT, SEIGNEUR DE BURY, mari D'ESTIENNETTE LECOQ, 1563

F. PAJOT, SEIG. D'AUTEUIL, LEUR FILS, 1583.

Pendant la Ligue, sous Henri IV, René Benoist est plus célèbre encore. Né près d'Angers, en 1535, il vint tout jeune à Paris, et fut reçu dans cette grande École de théologiens qui s'appelait la Société royale de Navarre. Confesseur de Marie Stuart, vers laquelle il avait été député avant son séjour en France, il la suivit en Ecosse à la mort de son royal époux François II. De retour en France, il fut d'abord curé de Saint-Pierre des Arcis, puis il quitta cette cure pour celle de Saint-Eustache.

D'abord favorable à la Ligue au point d'avoir été surnommé par les ligueurs le *roi des Halles*

à cause de sa grande autorité, René Benoist,
en 1588, prononça dans son église une sorte
d'oraison funèbre des Guises assassinés aux
Etats de Blois. Cette pièce est curieuse ; en voici
quelques passages. « Escouté, peuple, dit-il,
» par Isaïe : *Auferam a vobis fortem et virum*
» *bellatorem, judicem et prophetam.* Quand
» Dieu veut punir un peuple, il oste les personnes
» généreux et le conseil, car comme disait Cicé-
» ron en son premier des Offices : *Non valent*
» *arma foris nisi sit consilium domi.* Nous
» avions tous les deux en ce bon prince le duc
» de Guise : il était fort comme un Samson,
» prudent et advisé comme un Salomon.... Les
» anciens disaient un exercite estre plus fort
» quand le chef est lion que quand les soldats
» sont lions et le chef cerf.... Cette balafre qu'il
» portait, c'était en conservant la religion et
» l'état en France qu'il l'avait endurée. Cela
» devait faire peur aux méchants, *non est vulnus*
» *aversum sed adversum.* Faut des hommes
» vaillants, balafrés, qui ne fuient pas et ainsi
» que Notre Seigneur a porté ses cicatrices au
» ciel pour montrer ce qu'il avait enduré ainsi
» il a porté sa balafre pour le témoignage de sa
» vertu. Il ne faut pas perdre courage, la maison
» en est seulement escornée. » Il termine en s'é-
criant : « Prions Dieu pour les échevins d'icelle,
» qu'ils aient la crainte de Dieu et une bonne
» prudence. Ce mot d'échevins veut dire chefs

» de la ville, *sicut capita Urbis.* Je les compare
» aux quatre parties qui conservent la santé de
» l'homme et aux quatre éléments qui sont les
» choses les plus nécessaires au monde. Paris
» a pour ses armes un navire qu'est *Mare popu-*
» *li,* ceux-là sont les pilotes; ils quéront à Dieu
» qu'il leur donne son saint Spérit, mais surtout
» à eux et à nous l'union, faut que *Civitas* soit
» *Civium unitas.* »

Comme beaucoup de bons esprits de ce temps,
notre curé abandonna bientôt un parti qui se
perdait par ses excès; aussi s'attira-t-il la colère
des ligueurs. Plusieurs passages des mémoires
de l'Estoile en font foi.

> De trois BBB garder se doit on,
> De Bourges, Benoist et Bourbon.
> Bourges croit Dieu piteusement,
> Benoist le prêche finement,
> Mais Dieu nous gard' de la finesse
> Et de Bourbon et de sa messe.

Un des plus fougueux prédicateurs de ce
temps, maître Rose, variant le sobriquet qu'on
lui avait donné d'abord, ne l'appelait pas autrement que le *diable des Halles.* Loin de redouter
ces violentes attaques, Benoist n'embrassa que
plus chaudement le parti du roi. Un jour, en
présence du duc de Mayenne, il s'éleva avec
force contre ceux qui disaient qu'il ne fallait pas
recevoir le Navarrais hérétique, quand même il
se convertirait. Cette conduite ayant attiré sur

lui l'attention, il fut l'un des docteurs appelés par Henri IV, résolu d'embrasser le catholicisme. Benoist se rendit à Saint-Denis le 12 juillet 1592, et le 25 il assistait à l'abjuration du roi.

Tout cela, on le sent bien, ne fit qu'ajouter à la haine que lui portaient les ligueurs. L'un d'eux dit publiquement que si la justice eût valu quelque chose, Benoist eût été pendu depuis longtemps. Les choses en vinrent au point qu'une pauvre femme de la paroisse Saint-Eustache fut battue et foulée aux pieds par un soldat espagnol pour avoir pris le parti de son curé et soutenu qu'il était homme de bien. Dans la suite, Henri IV, dont il était le confesseur, l'ayant nommé à l'évêché de Troyes, les ligueurs lui firent refuser ses bulles.

Sous son administration les travaux de l'église furent plusieurs fois en pleine activité; il l'embellit beaucoup. Il fit représenter au grand portail saint René, son patron, et composa le chant qu'on exécutait le 12 novembre, jour de sa fête. Ce chant n'a rien de mélodieux; tiré du rite d'Angers, il est assez bon pour le temps.

Ce curé fut donc un des personnages les plus importants de son époque, écrivain distingué, prédicateur savant, théologien érudit, d'un caractère ferme, aimé du peuple. Launoy lui attribue 154 ouvrages, Niceron en énumère jusqu'à 159. Il remplit ses fonctions curiales pendant quarante ans et fut dix ans doyen de la faculté de théologie. Arrivé à l'âge de quatre-vingt-sept ans, il mourut le 7 mars 1608, deux ans avant Henri IV assassiné rue de la Ferronnerie à quelques pas de Saint-Eustache.

A la mort du successeur de René Benoist, il y eut dans la paroisse une émeute causée par la nomination du nouveau curé. Ces troubles durèrent trois jours. Les mémoires du temps en ont conservé le souvenir : M. Tonnellier venait de mourir, l'archevêque de Paris nomma bientôt un successeur à ce respectable vieillard. Celui-ci vint pour prendre possession de sa cure ; mais le neveu du curé défunt, simple prêtre, crut pouvoir s'opposer à son installation, donnant pour raison que la cure lui appartenait en vertu de l'acte signé par son oncle. Cet argument n'était pas des meilleurs ; mais, fortifié par la bienveillance des Dames de la Halle et comptant sur l'appui des paroissiens les plus influents, le neveu persista. Toute la population du quartier s'assemble en tumulte pour le protéger, met en fuite les soldats et installe le curé de ses affections.

Ce désordre dura trois jours ; enfin les Dames de la Halle envoyèrent une députation à la reine. L'orateur féminin, après avoir expliqué les causes de l'émeute, résuma, dit-on, son discours par ces paroles :

« Notre curé qui est mort était si bon, si hu-
» main que nous l'avons tous pleuré. En mou-

» rant il a désigné son neveu pour son succes-
» seur et l'on a voulu nous en donner un autre.
» Ce n'est pas juste, n'est-ce pas, madame la
» Reine? Les Marlin, voyez-vous, depuis bien
» longtemps, sont curés de Saint-Eustache, *de*
» *père en fils*, et les paroissiens n'en souffri-
» ront pas d'autre. »

La reine sourit, puis, en regardant le front
pur de la jeune fille qui portait la parole, elle re-
devint sérieuse. Elle ne put leur promettre une
entière satisfaction, mais elle fit l'éloge de leur
reconnaissance et les assura que de si bons sen-
timents ne pouvaient que leur porter bonheur.
Cette réponse évasive, rapportée à la Compagnie
des Halles, loin d'apaiser l'émeute la rendit plus
forte, et déjà les bourgeois commençaient à tendre les chaînes des rues et à faire des barricades,
lorsqu'on apprit que l'archevêque se rendait au
vœu général. Marlin succéda à son oncle, et le
calme se rétablit.

Tel est le trait historique dont on a fait, en le
transportant en 1783, une histoire romanesque,
où figure Marie-Antoinette, écoutant les représentations d'une bouquetière, nommée Rose de
Mai, et lui agrafant au bras un de ses bracelets.
Selon ce récit poétique, une jeune fille, dix ans
après, suivait la charrette qui conduisait à la
mort l'infortuné reine. Ses pleurs la compro-
mettent, elle est arrêtée, condamnée elle-même,
et le bourreau retrouve à son bras le bracelet

royal, souvenir de son attachement inviolable à Marie-Antoinette.

Revenons à l'histoire véritable ; le nouveau curé fut installé aux cris de *Vive l'archevêque!* et de *Vive la reine!* Ce qui n'empêcha pas des mauvais plaisants de placarder sur l'Eglise une affiche ainsi conçue :

Avis. *Le curé de Saint-Eustache est à la nomination des Dames de la Halle,*

A cette époque Louis XIV résida quelque temps au Palais-Royal avec sa mère, Anne d'Autriche, régente du royaume pendant sa minorité. En 1649, il fit sa première communion à Saint-Eustache, des mains de M. Marlin.

M^me d'Aubigné, connue depuis sous le nom de M^me de Maintenon, lorsque Louis XIV l'eut épousé, dut longtemps son existence à une dame charitable de Saint-Eustache, et y reçut, dit-on, l'aumône jusqu'à l'époque de son mariage avec Scarron. On lit dans sa vie imprimée en 1756, qu'elle se levait tous les jours à minuit et qu'elle allait entendre matines à Saint-Eustache, sa paroisse, où cet office se chantait à deux heures du matin.

En 1666, le père Sénault, célèbre prédicateur, prononça dans notre église l'oraison funèbre d'Anne d'Autriche : « Souffrez que je vous dise » que si elle a vaincu la douleur et la mort, si » elle a procuré la paix à l'Europe, si elle a heu-

» reusement gouverné l'Etat pendant sa régence,
» si elle a obtenu des enfants du Ciel, ce n'a été
» que parce qu'elle se confiait en Dieu et qu'elle
» l'a obligé de faire cent miracles en sa faveur
» parce qu'elle espérait en sa bonté, *spera in eo*
» *et ipse faciet.* »

Dix ans plus tard, à la mort de Turenne, le grand roi, suivi de toute sa cour éplorée, accourait à Saint-Eustache entendre Fléchier. La fin de l'exorde de son oraison funèbre mérite d'être citée : « Quelle matière fut jamais plus disposée
» à recevoir tous les ornements d'une grave et
» solide éloquence, que la vie et la mort de
» très-haut et très-puissant Prince Henri de
» la Tour d'Auvergne, vicomte de Turenne,
» maréchal général des camps et armées du roi
» et colonel général de la cavalerie légère ? Où
» brillent avec plus d'éclat les effets glorieux de
» la vertu militaire : conduite d'armées, sièges
» de places, prises de villes, passages de rivières,
» attaques hardies, retraites honorables, cam-
» pements bien ordonnés, combats soutenus,
» batailles gagnées, ennemis vaincus par la
» force, dissipés par l'adresse, lassés et consu-
» més par une sage patience ; où peut-on trou-
» ver tant et de si puissants exemples que dans
» les actions d'un homme sage, modeste, libéral,
» désintéressé, dévoué au service du prince et
» de la patrie, grand dans l'adversité par son
» courage, dans la prospérité par sa modestie,

» dans les difficultés par sa prudence, dans les
» périls par sa valeur, dans la religion par sa
» piété. »

Un autre souvenir historique est moins connu :
Le cardinal Guillaume Dubois, ministre de
Louis XV, né en 1657, à Brives-la-Gaillarde,
dans le bas Limousin, était fils d'un apothi-
caire. Il vint jeune à Paris, presque sans res-
source, et se mit quelque temps en service chez
le curé de Saint-Eustache, qu'il quitta pour
être précepteur dans quelques grandes maisons du quartier. Parvenu à force d'intrigues
à entrer chez le duc de Chartres, en 1690, il
reçut l'abbaye de Saint-Just, au diocèse de
Beauvais. Mais l'on peut dire que c'est de son
admission chez M. Lamet, que date sa fortune
ecclésiastique.

Dans l'église Saint-Honoré, dont l'emplacement se trouve encore sur la paroisse, cloître
Saint-Honoré, se voyait autrefois le mausolée
du cardinal, qui avait été chanoine de cette église.
Ce monument, remarquable par sa richesse,
était l'œuvre de Coustou le jeune. Sur un tombeau de marbre brun, engagé dans le mur, était
la statue du cardinal à genoux, ayant devant lui
un livre ouvert au psaume *Miserere*. L'épitaphe,
fort pleine d'esprit et de circonstance, avait été
composée par M. Couture. Après les titres du
défunt, on lisait : *Quid autem hi tituli? nisi
arcus coloratus et fumus ad modicum parens.*

*Viator, stabiliora, solidioraque bona mortuo apprecare*, etc., etc., « Mais que sont ces dignités? nuages brillants, fumée qui s'évapore. Passant, demande à Dieu pour ce mort des biens plus stables et plus solides. »

Le premier des Secousse étant curé, Massillon vint plusieurs fois prêcher à Saint-Eustache. En 1704 il y donna son célèbre sermon sur *le petit nombre des élus*, dont l'effet fut si entraînant. On sait que, frappée de terreur, l'assemblée se leva comme un seul homme lorsque l'orateur fit entendre l'appel du souverain juge.

Au XVIII<sup>e</sup> siècle, la procession de la Fête-Dieu de la paroisse était très-renommée ; nous transcrirons ici, pour en donner un aperçu, une pièce conservée aux archives. C'est l'ordre et la marche de la procession du jeudi 20 juin 1716, sous la minorité de Louis XV :

Plusieurs laquais avec torches ;

Les valets de pieds de M. le duc de Charot avec des flambeaux de points blancs aux armes ;

16 valets de pieds de M. le comte de Toulouse ;

Six pages dudit Seigneur Comte ;

Le précepteur des pages de M. le duc d'Orléans, Régent, en habit long et surplis ; leur gouverneur un cierge à la main, douze pages de Son Altesse Royale et deux sous-gouverneurs ;

La bannière de la Confrérie du Saint-Sacrement ;

La croix et le clergé de Saint-Eustache ;

Un officier portant un [carreau pour Son A. R.;

Les suisses, le tambour battant avec le fifre, la hallebarde sur l'épaule et un flambeau au poing, aux armes, les officiers à la tête;

Le Dais du saint Sacrement, porté par des personnes de robe;

Le curé hors le dais;

Mgr le duc d'Orléans, derrière un cierge à la main, précédé de plusieurs officiers de sa maison et suivi de deux aumôniers en surplis;

Un officier portant le bouquet de Son A. R.;

Les gardes du corps derrière, au nombre de quarante à pied; ensuite des conseillers au Parlement; puis les marguilliers;

Un carrosse du corps de Son A. R., suivi de huit gardes à cheval;

Les archers de ville fermant la marche.

Le guet de Paris était rangé en haie des deux côtés de la porte de l'église jusqu'à l'hôtel de Soissons, le long de la rue Coquillière, les enseignes déployées et leurs officiers à la tête; on battit aux champs lorsque son A. R. vint à l'église dans son carrosse et à son retour. (Archives.)

Chaque année le reposoir du Palais-Royal attirait tout Paris. En 1736, il fut construit sur les dessins de l'Italien Servandoni, l'architecte de Saint-Sulpice.

En 1729, Jean-François-Robert Secousse succède à son oncle. Le dictionnaire de la ville de Paris fait mention d'une lettre remarquable qu'il fit imprimer et répandre dans toute la paroisse. Elle était intitulée : *Lettre d'un curé à N*** au sujet des spectacles.* Nous trouverons, en visitant l'église, son médaillon en marbre blanc provenant de son tombeau.

Son successeur, Jean-Jacques Poupart, fut quelque temps confesseur de Louis XVI et de Marie-Antoinette. La révolution arriva; il crut pouvoir faire le serment constitutionnel; mais bientôt, éclairé sur sa portée, il le rétracta courageusement et vécut caché dans la paroisse, qu'il continua d'administrer en secret.

L'église Saint-Eustache, par sa position dans un des centres les plus populeux de Paris, était destinée à devenir dans ces temps orageux le théâtre de graves événements. Le corps de Mirabeau y fut déposé le 4 avril 1791, et l'éloge du grand orateur fut prononcé au banc de l'œuvre par Cerutti; le soir, on transféra le cercueil à Sainte-Geneviève, destinée à recevoir les cendres des grands hommes et nommée pour cela Panthéon. Au mois de mai suivant, les garçons perruquiers firent dire un service pour ce tribun; cette fantaisie, plus politique que religieuse, inspira de grandes craintes. On s'attendait à voir l'église envahie par dix mille personnes; fort heureusement que la réunion ne fut guère que de six cents et que l'assistance se

conduisit sagement, à en croire le journal de
Prudhomme.

Il se tint aussi à Saint-Eustache un club de
femmes; voici ce qu'en dit Lamartine dans son
*Histoire des Girondins*, t. VII, p. 35.

« La société révolutionnaire siégeait à Saint-
» Eustache; elle était composée de femmes per-
» dues, aventurières de leur sexe, recrutées
» dans le vice, ou dans les réduits de la misère,
» ou dans les cabanons de la démence. Le scan-
» dale de leurs séances, le tumulte de leurs mo-
» tions, la bizarrerie de leur éloquence, l'audace
» de leurs pétitions importuna le comité de salut
» public, qui ferma le club. On peut juger par là
» ce qu'il devait en être de la pauvre église.
» Près de là siégeait aussi le fameux club de la
» rue Mauconseil. »

En 1793, la fête de la Raison fut célébrée dans
l'église. L'intérieur du chœur représentait un
paysage où l'on voyait çà et là quelques chau-
mières et des rochers entre lesquels on avait
pratiqué de petits sentiers conduisant à des
grottes mysterieuses.

Rien ne manquait à cette profanation : autour du chœur étaient dressées des tables sur-
chargées de bouteilles, de saucissons, de pâtés
et de fruits. Les convives affluaient par toutes
les portes, et quiconque se présentait avait
droit au festin et même aux bosquets] mys-
térieux. Les républicains avaient fait de l'é-

glise de nos pères un immense cabaret et un lieu de prostitution.

Dans le charnier se tenait cette année-là un autre club de femmes fondé par une actrice nommée Lacombe, qui fut blessée au poignet en combattant le 10 août. Cette fille présidait en bonnet rouge la réunion qui fut dissoute après un discours de Robespierre dans lequel nous remarquons la phrase suivante : « Cette réunion » de vraies sans-culottes ne saurait durer plus » longtemps, parce qu'elle prête au ridicule et » aux propos malins. »

Les crimes et les orgies ayant cessé, M. Poupart reparut à la tête de sa paroisse avec le titre de chef du culte catholique, le 24 juin 1795, époque de la réouverture de Saint-Eustache, qui précéda de beaucoup celle des autres paroisses. Il fut obligé de partager le local d'abord avec les théophilanthropes, et plus longtemps avec les conseillers municipaux de la ville, qui à certains jours y tenaient séance. Ce n'était plus sa riche et magnifique église. Il ne restait que les murs et le banc de l'œuvre, qui avait servi de tribune. Le grand autel et les statues de bronze, la chaire, les tableaux des maîtres, les mausolées, les tables de marbre avec leurs épitaphes, toutes les richesses artistiques de Saint-Eustache avaient disparu ou étaient entassées au musée des monuments français.

Notre paroisse revit bientôt de meilleurs jours.

Avec M. Bossu se présente à la mémoire un souvenir bien précieux et unique dans les annales de Saint-Eustache. En la belle année de 1804, Pie VII vint à Paris sacrer Napoléon I^er dans toute sa gloire. Le 28 décembre, ce pape illustre visita l'église et bénit la statue de la sainte Vierge qui se voit encore dans sa chapelle au-dessus de l'autel. Nous reproduisons le procès-verbal de cette visite conservé dans les archives de la fabrique.

« La fabrique de Saint-Eustache a vu avec la plus sensible reconnaissance la paternelle bonté avec laquelle N. S. P. le Pape Pie VII a acquiescé au vœu des paroissiens de bénir la statue de la sainte Vierge érigée dans la chapelle restaurée par leurs offrandes et leurs dons. MM. les curés et marguilliers, organes et représentants des paroissiens, ont cru devoir consigner dans le registre de leurs délibérations et mettre à la tête des titres de leurs archives le récit d'une fête si solennelle où les paroissiens ont eu le bonheur de recevoir dans leur basilique la bénédiction du Vicaire de Jésus-Christ.

» C'est par ces motifs qu'ils ont rédigé et signé les détails suivants :

» Le vendredi 28 décembre 1804, Sa Sainteté, après avoir agréé l'humble supplication déposée à ses pieds par M. Bossu, curé de la paroisse, au nom de la fabrique et des paroissiens de Saint-Eustache, s'est rendue dans ladite église.

» Au moment de son arrivée, Sa Sainteté a été reçue à la porte de l'église par Son Eminence Mgr le cardinal de Belloy, archevêque de Paris, plusieurs archevêques et évêques, M. le curé, MM. les marguilliers, MM. les maires et adjoints, juges de paix, magistrats et autres paroissiens notables, tous réunis pour offrir leurs respects à Sa Sainteté. L'eau bénite et l'encens furent présentés au Souverain Pontife par Son Eminence Mgr le cardinal-archevêque. Sa Sainteté fut ensuite haranguée en latin par M. le curé, auquel Sa Sainteté a répondu dans la même langue.

» Sa Sainteté a marché sous un dais et est parvenue au chœur au milieu des bénédictions et des témoignages de profond respect.

» Des chants religieux, exécutés par une musique brillante et nombreuse, exprimaient pendant sa marche la satisfaction des paroissiens. Sa Sainteté a trouvé dans le sanctuaire un prie-Dieu convenable à sa dignité suprême, et après y avoir prié Dieu pendant un certain temps, ses prélats et ses officiers l'ont revêtue de ses habits pontificaux. Sa Sainteté ensuite a célébré au grand autel les sacrés mystères avec une piété si profonde que tous les assistants en ressentirent l'impression. Il est un moment surtout, où les fidèles ont été attendris, le moment où ils virent Son Eminence Mgr le cardinal archevêque, âgé de 96 ans, soutenu par deux prélats, monter à l'autel et avec un respect profond, présenter à Sa Sainteté le linge destiné à essuyer ses mains augustes. Sa Sainteté a terminé le saint Sacrifice par sa bénédiction pontificale et apostolique.

» Immédiatement après sa messe, Sa Sainteté a été revêtue de sa chape de cérémonies, et s'est rendue à la chapelle de la Sainte-Vierge; Sa Sainteté était suivie de ses prélats, de ses grands officiers, de Son Eminence Mgr le cardinal-archevêque, de tous les évêques qui avaient assisté à cette cérémonie, du clergé, de MM. les marguilliers et des autorités. Sa Sainteté alors a fait la bénédiction de la statue de la sainte Vierge, œuvre du célèbre Pigalle, placée dans la chapelle consacrée, dans notre église, en l'honneur de Marie, et réparée par les dons, les offrandes et les contributions volontaires des paroissiens. La bénédiction étant achevée, Sa Sainteté, élevant alors les yeux et ses mains vers le ciel, a mis sous la protection spéciale de Marie, tous les paroissiens de Saint-Eustache et tous ceux qui ont contribué à la réparation de la chapelle. L'antienne *Sub tuum*, entonnée par Sa Sainteté, a été continuée par la musique.

» M. Rousseau, évêque de Coutances et frère de M. le maire, a célébré devant Sa Sainteté la messe d'action de grâces.

» Cette messe finie, Sa Sainteté a monté dans la chapelle des mariages.

» Là, elle a admis le clergé, MM. les marguilliers, les autorités et un grand nombre de fidèles à l'honneur de lui baiser les pieds et à la faveur d'une bénédiction spéciale.

» Sa Sainteté a été ensuite reconduite à sa voiture, avec le même cortége avec lequel elle avait été reçue à son arrivée.

» Lesquels détails, nous soussignés, curé et marguilliers de la paroisse, avons cru devoir transcrire dans les annales de notre église pour être à jamais un monument de la sainte satisfaction que tous les paroissiens ont éprouvée en recevant dans la basilique paroissiale le premier pasteur du monde.

» Fait en l'assemblée de fabrique le 11 janvier 1805. »

Suivent les signatures :

Le cardinal de Belloy, archevêque de Paris — Claude (Louis), évêque de Coutances — Bossu, curé de Saint-Eustache — Leseigneur — Mignot — Famin — Barré — Guibout — Bellet.

Nous arrêterons à cette époque nos souvenirs historiques et biographiques, n'ayant plus qu'à citer les noms des grands personnages, des hommes illustres dans les lettres et dans les arts inhumés à Saint-Eustache ou sur la paroisse; tels sont Bernard de Girard, seigneur du Haillan, historiographe de France, mort en 1610; Marie Jars de Gournay, fille adoptive de Michel de Montaigne, qui a rassemblé et publié ses *Essais;*

Vincent Voiture, poëte, courtisan, bel esprit, mort en 1648 ; Claude Faure, sieur de Vaugelas, célèbre grammairien, mort en 1650 ; François de la Motte-le-Vayer, de l'Académie française ; Isaac Benserade, poëte ; Antoine Furetière, de l'Académie française ; le musicien Rameau ; Charles Lafosse, peintre, élève de Lebrun ; Claude de Bullion, surintendant des finances ; Phélippeau, duc de la Vrillière ; le garde des sceaux d'Armenonville ; François d'Aubusson de la Feuillade, pair et maréchal de France, fameux par son idolâtrie pour Louis XIV, auquel il fit ériger le fastueux monument de la place des Victoires ; Martin Cureau de la Chambre, médecin ordinaire de Louis XIV, membre de l'Académie française, mort en 1669, âgé de 75 ans. Le grand roi consultait Cureau de la Chambre, sur le choix de ses ministres ; il existait entre eux une correspondance secrète. On y lisait cette phrase du médecin : « Si je meurs avant Sa Majesté, elle court grand risque de faire à l'avenir de mauvais choix. »

Les curés de la paroisse furent aussi tous inhumés dans les caveaux. M. Poupart est le dernier en 1796.

En visitant l'église, nous admirerons le tombeau de Colbert, ministre d'Etat, principal bienfaiteur de Saint-Eustache, et nous lirons l'épitaphe célèbre de Chevert.

Il ne faut pas oublier ici que Molière et La

Fontaine furent enterrés sur la paroisse, au cimetière Saint-Joseph (aujourd'hui marché Saint-Joseph). Le 14 juillet 1630, le chancelier Séguier avait posé la première pierre de la chapelle Saint-Joseph qu'il fit construire à ses frais dans le cimetière. Cette chapelle posséda longtemps les tombeaux de ces deux écrivains illustres. Ayant été démolie à la Révolution, les tombeaux furent transportés au musée des monuments, et en 1818, au Père-Lachaise, où ils sont réunis dans une enceinte commune.

Molière naquit aussi sur la paroisse. Presque au coin de la rue Saint-Honoré, rue du Pont-Neuf, autrefois de la Tonnellerie, on voit son buste et cette inscription : *Cette maison a été bâtie sur l'emplacement de celle où naquit Molière* 1620 (date fausse, car c'est en 1622).

Il ne nous reste plus qu'à conserver deux épitaphes curieuses et celle si intéressante de l'architecte Charles David, qui bâtit entièrement Saint-Eustache. Ces épitaphes se voyaient autrefois dans l'église, gravées sur des tables de marbre.

BARTHÉLÉMI TREMBLET, SCULPTEUR DU ROY,
DÉCÉDÉ A L'AGE DE 61 ANS, EN 1629

Louvre me donna l'être et Paris la fortune,
J'eus l'honneur d'être au roy, St-Eustache a mes os ;
Passant, au nom de Dieu, si je ne t'importune,
Durant ce mien sommeil, pries pour mon repos.

Le monde n'a ésté à *Françoise*
*Gallois* que passage à l'éternité;
Elle y a demeuré comme toujours
Preste d'en sortir. Les XXIII années
De son âge, n'ont estées qu'innocence,
Les quatre de son mariage, que paix
Et concorde, les vertus furent ses
Exercices, la piété son contentement,
La crainte de Dieu la conduite de
Sa vie qu'elle finit le XXVII<sup>e</sup> Aoust
MDCXVI. Si chrestiennement,
Que *Richard Petit*, son mary,
Cons<sup>er</sup> secrét. du roy, M. et C. de
Fr. ne console l'affliction de son
Absence que par la souvenance
De sa mort.


Cy-devant gît le corps
D'honorable homme *Charles David*, vivant sujet du Roy
Es-œuvres de maçonnerie, doyen des jurés et bourgeois
De Paris, architecte et conducteur du bâtiment de l'Église
De céans, lequel après avoir vescu avec *Anne Lemercier*
Sa femme l'espace de 53 ans, il décéda le quatrième jour
De décembre 1650 âgé de 98 ans.

# VISITE DE L'ÉGLISE

## VISITE DE L'ÉGLISE

Cette description de Saint-Eustache servira
de guide à ses nombreux visiteurs. L'architecture extérieure et intérieure de l'église, ses peintures, ses sculptures, son mobilier seront ex-
pliqués en détail et pas à pas dans cette visite.
L'itinéraire est tout indiqué. Avant d'entrer à
Saint-Eustache, nous en ferons le tour au dehors,
autant qu'il est possible , étudiant le grand portail, toute la façade méridionale, le chevet, le portail nord et quelques chapiteaux merveilleux dans
la cœur de la sacristie; sur le chemin, portant plus
haut nos regards, nous admirerons les contre-
forts puissants, soutenant l'édifice, la flèche tronquée du télégraphe et les trois rangées de balustrades. Pénétrant ensuite à l'intérieur, sous la tribune du grand orgue, après une vue d'ensemble
de toute l'église, nous visiterons en particulier la
grande nef, le transept, le chœur, l'abside et les
chapelles latérales.

## EXTÉRIEUR DE L'ÉGLISE

GRAND PORTAIL. —C'est une visite ennuyeuse.
Il faut s'en débarrasser et ne plus revenir. Nous
avons déjà dit que personne ne contestait la médiocrité de ce bâtiment. Sa première pierre fut
posée le 22 mai 1754 par le duc de Chartres,
connu depuis sous le nom de Philippe-Egalité :
ce nom ne pouvait pas porter bonheur à l'œuvre
entreprise. On exécute d'abord le projet de l'architecte Mansard de Jouy, déplorable et mala-
droite imitation de la façade de Saint-Sulpice.
Arrêtés faute d'argent, les travaux sont repris
en 1772; le plan est modifié par l'architecte de la
ville, Moreau, qui écrase la façade sous le lourd
fronton que l'on voit aujourd'hui.

Deux ordres superposés de colonnes, le dori-
que et l'ionique, forment un porche au rez-de-
chaussée et une tribune extérieure au dessus.
Si le curé de Saint-Eustache jouissait du pri-
vilège de donner la bénédiction papale, dit un
critique du siècle dernier, cette tribune, qui rappelle celle des basiliques de Rome, aurait sa raison d'être, mais elle n'est bonne à rien. Trois
portes donnent accès dans la nef. Une tour,
décorée de colonnes corinthiennes cannelées,

s'élève du côté du nord. L'autre tour du côté des
halles est à peine indiquée.

Voici le jugement que M. Legrand, dans sa
*Description de Paris,* t. Ier, page 70, a porté de
ce morceau d'architecture : « Cette composition
n'a pour tout mérite que d'être exécutée sur une
grande échelle; la largeur beaucoup trop considérable de ces entre-colonnements, surtout
au second ordre, entraînera sa destruction; et
déjà le poids énorme de la plate-bande qui sup-
porte le fronton l'a fait se rompre et semble
écraser les maigres colonnes qui la soutiennent.
Le genre de cette architecture massive, qui n'est
ni antique ni moderne, n'a aucune espèce de
rapport avec le reste de l'édifice. »


FAÇADE MÉRIDIONALE. — Quel contraste! Voici
la Renaissance dans toute sa grandeur et sa
beauté première. Admirons d'abord le portail
haut de 50 mètres, et large de plus de 10.

Construit sous François Ier, c'est la merveille
de Saint-Eustache. Criblé de balles et d'éclats
d'obus à la fin de la Commune, les meneaux de
sa grande croisée, les galeries, les vitraux
étaient brisés, le pignon à tête de cerf tombait en ruine. Du haut en bas, tout a été
repris et complété avec un grand sentiment
artistique. Cinq grandes statues en pierre ont été
placées dans leurs belles niches, restées toujours

Chauvet sculp.
Imp. A. Quartin.

vides depuis leur construction. C'est d'abord celle de la Vierge-Mère, pleine de douceur et d'abandon, inclinant la tête sur celle de l'Enfant-Dieu; elle est élevée sur un pilier trumeau entre les deux vantaux de la porte. Ce pilier est composé de trois plus petits en marbre rose soutenant de petites niches et trois statuettes, la Foi, l'Espérance et la Charité. La Vierge est sous un dais d'un effet incomparable au milieu du linteau entièrement nu. Au dessus s'ouvre une large fenêtre dont les meneaux cintrés et hexagones sont délicatement sculptés.

La voussure de la porte se divise en quatre cordons. Ils devraient être peuplés de statuettes abritées chacune par un dais ouvragé comme un petit édifice avec ses niches et ses colonnes. Il y aurait place dans les ébrasures pour cinquante statuettes. De chaque côté se voient les statues de saint Joachim et de sainte Anne, qui ont grand air; plus haut deux anges de six pieds, l'encensoir à la main, bien drapés et traités de main de maître. Les niches de ces quatre grandes statues sont taillées dans deux grands pilastres aux chapiteaux chargés d'édicules mêlés aux feuilles d'acanthe. Ces pilastres sont couverts sur les côtés de rainceaux les plus purs. De charmantes figures de fantaisie ont été sculptées en bas-relief, sur les panneaux du stylobate, et des rosaces de l'exécution la plus finie décorent les pieds droits. Un sculpteur d'ornements trouverait ici sur chaque pierre des modèles exquis; chaque entrelacs, chaque mascaron, chaque édicule est un petit chef-d'œuvre de la Renaissance. Les portes gardent leurs anciens vantaux; le travail en est des plus simples. Il y a quelques mois, on a posé une élégante grille d'entourage en fer forgé, avec pointes ouvragées et de bon goût; c'est une pièce de serrurerie d'art digne de nos maîtrises d'autrefois.

Au-dessus du fronton sans ornements commencent deux étages de galeries, plusieurs rangées de balustrades au centre desquelles une grande rose à meneaux donne du jour et dégage l'œuvre. Le tout est flanqué de deux tourelles gracieuses, avec pilastres reliés par des arcades supportant des vases et couronnées par des lanternes élancées. Enfin le pignon aigu semble percer le ciel. Sa rose bien découpée est surmontée de deux oculus et d'une énorme tête de cerf, la croix rayonnante au milieu de ses bois. Une ogive qui se dessine en relief accuse la forme des travées de la charpente. Plus bas, au-dessus de la grande rose, sur un pilastre à gauche des deux étages de galeries, on aperçoit un ancien cadran solaire.

On peut aujourd'hui s'éloigner de cette façade dégagée et, se plaçant près du pavillon de la boucherie, contempler le flanc méridional de l'église, qui se développe de là en entier. Vers l'angle sud-ouest, le mur qui devait servir d'appui à l'une des tours de l'ancien portail, est encore conservé. Sa décoration consiste en pilastres doriques, triglyphes, métopes et patéres. De larges fenêtres à meneaux versent dans les chapelles et dans les nefs une abondante lumière. Trois rangs de balustrades, les unes pleines, les autres à jour, environnent les terrasses des chapelles, des collatéraux et du grand comble. A l'intersection des bras de la croix surgit un campanile à jours surmonté d'une flèche élégante qu'on a depuis longtemps tronquée pour établir sur ce point, l'un des plus élevés de Paris, un poste télégraphique. Il n'y a rien de plus hardi en fait d'architecture, écrivait Piganiol, que cette jolie construction située au centre de l'église. Ce clocher ne porte que sur des pieux soutenus par les quatre grands piliers du transept, sans peser en aucune manière sur la voûte de l'église.

Entre les chapelles, des pilastres composites montent à la corniche; ils sont rehaussés de rosaces, de mascarons, de têtes d'anges, de monográmmes et de divers emblêmes. L'L couronné de Louis XIII entre deux cornes d'abondance, est sculpté au bas du quatrième pilastre à droite, après le portail; la couronne n'a pu échapper au marteau démocratique. Dans quelques chapiteaux, on voit se jouer au milieu du feuillage, des génies et des animaux. Des consoles à feuilles d'acanthe soutiennent le couronnement. Pour maintenir les voûtes à la hauteur énorme qu'elles ont atteinte, il a fallu des points d'appui robustes et nombreux. De solides contre-forts, revêtus de pilastres les uns doriques, les autres ioniques, s'élèvent de toutes parts, et les arcs-boutants se croisent les uns sur les autres pour s'épauler mutuellement. Aux points de jonction des bras de la croix, ces combinaisons d'arceaux et de piles produisent un effet des plus extraordinaires. Les gargouilles se projettent çà et là en quantité prodigieuse. Celles du rang inférieur sont d'une grande beauté, sculptées de figures de femmes, d'hommes et d'enfants dont le corps se termine en feuillage, et qui, pour la plupart, portent des ailes. Sur une de ces gargouilles, au midi, on distingue la date de 1629.

CHEVET DE L'ÉGLISE. — CHAPELLE DE LA VIERGE. — Dépassons vite un bâtiment érigé sur le côté méridional de l'abside, par l'architecte Moreau, sous le règne de Louis XVI, pour servir à la fois de corps de garde, de salle des mariages et de trésor. Il embarrasse les dernières travées du chevet et prive de jour la chapelle de la Sainte Vierge.

Cette chapelle au rond-point dépasse de beaucoup les autres en volume et en élévation. La forme en est circulaire. Deux étages de fenêtres l'éclairaient; on a muré celles du premier rang dont on voit encore les meneaux. Le comble qui la couvre se terminait par un élégant campanile du commencement du XVII<sup>e</sup> siècle; une girouette bien découpée, surmontée d'une croix à quatre faces, montrait au loin le navire de la ville de Paris. Dans ce campanile était la cloche de l'horloge. D'une grande sonorité et pesant 2500 kilog., elle avait été conservée à la Révolution, à cause de son utilité. Le 25 mai 1871, sous la Commune, un obus à pétrole pénétra dans le comble, y alluma un violent incendie, et le campanile ainsi que la cloche s'abîmèrent dans les flammes, bientôt éteintes heureusement. La large voûte que nous admirerons à l'intérieur résista sous cette chute, au grand étonnement des architectes de la ville, qui ont reconstruit le campanile dans des conditions plus modestes. La nouvelle cloche porte la date *1873* et l'inscription : *Adolphe Thiers, président de la République ; Simon, curé de la paroisse ; Léon Say, préfet de la Seine*, etc.

Lorsqu'on a tourné le corps de garde, la crypte de Sainte-Agnès s'ouvre béante à l'entrée de la rue Montmartre, sur le trottoir. Cette vaste chapelle souterraine louée aujourd'hui au marchand d'oranges voisin, était, il y a vingt ans, inabordable. On y conservait des fromages jouissant d'une grande réputation. Son architecture n'offre rien de remarquable : des piliers

carrés supportent des voûtes basses et sans nervures. Elle fut rebâtie vers la fin du xvii⁰ siècle,
selon l'abbé Le Beuf.

PORTAIL NORD. — Après la crypte, on longe un
ancien charnier, les boutiques de la fabrique, et,
par l'impasse Saint-Eustache, on arrive en biais
sur le portail nord, qui, serré de trop près par
le presbytère et les maisons voisines, étouffe au
fond de cette impasse et demande de l'air depuis
longtemps. Ses deux belles tourelles sont mas-
quées en grande partie depuis leur base. L'une
d'elles sert d'escalier au presbytère.

Construit cent ans après celui du midi (1640),
son ornementation n'offre ni la même finesse
ni la même élégance; toutes ses parties sont
plus lourdes et bien Louis XIII. Il a été restauré
il y a douze ans et orné de trois grandes statues :
St Eustache, en guerrier romain, est sur un
pilier trumeau entre les vantaux de la porte;
cette statue a beaucoup de caractère : dans les
coins, à droite, saint Denis, le bâton à la main,
portant une palme; à gauche, sainte Geneviève
ayant un agneau à ses pieds et tournant son
fuseau. Ces deux statues ont pour socles deux
édicules superposés avec petits portiques et
niches occupées par des statuettes anciennes. Ce
sont les quatre vertus cardinales: la Prudence,
la Force, la Justice et la Tempérance. Elles
ont été retrouvées en parfait état de conservation

derrière une boutique d'objets de piété qui obs-
truait cette entrée de l'église.

Cette porte à linteau plat se termine en plein
cintre. Des pilastres corinthiens, chargés de
rainceaux, soutiennent l'entablement du premier
ordre. La voussure n'a que trois cordons de
dais ouvragés, disposés pour recevoir une tren-
taine de petites statues. Les monogrammes de
sainte Agnès et de saint Eustache se répètent
fréquemment dans l'ornementation; les palmes
et les cors de chasse qui accompagnent les
rainceaux rappellent que ces deux patrons
furent martyrs, et que de plus saint Eustache
était chasseur. Au dessus s'ouvrent deux rangs
superposés de fenêtres aussi encadrées de pilastres. Une grande rose orne le troisième ordre;
une plus petite et deux oculus sont découpés
dans le pignon, sous la pointe duquel s'élance
le cerf de Saint-Eustache à la croix miraculeuse
entre ses bois.

De chaque côté du portail s'élèvent les deux
tours fortes et légères à la fois entourées de contre-forts, de pinacles et d'arcs-boutants. Deux
clochetons, ornés de vases avec lanternons à
jours, les couronnent toutes les deux à cinquante
mètres du sol. Le flanc septentrional de l'église
est en grande partie masqué par de hautes maisons. Il ne diffère, d'ailleurs, du côté opposé que
par des détails insignifiants.

Cour de la sacristie. — Avant d'entrer dans l'église, il est bon de pénétrer dans la cour de la sacristie, pour examiner le riche travail extérieur de la chapelle de Sainte-Geneviève. Le millésime de 1534 se lit sur ses chapiteaux, entre un *Requiescant in pace* et un *Memento mori*. Ainsi cette chapelle, la troisième du chœur au nord, était édifiée deux ans après la pose de la première pierre de l'église. Lorsque Sauval assure que le chœur ne fut pas commencé avant 1634, il n'a donc voulu parler que de la partie médiane et non des collatéraux ni des chapelles.

On a eu l'ineptie de creuser ces deux chapiteaux et de briser les petits cartouches où se trouvent les inscriptions et la date pour établir d'horribles tuyaux de descente en fonte. Ils méritaient cependant d'être respectés. Car, avec le voisin, ce sont les trois plus beaux du monument. Les deux de la chapelle Sainte-Geneviève, admirablement fouillés, présentent les emblèmes de la mort, des fruits mûrs et desséchés, des têtes d'anges aux traits désolés; au bas des pilastres, on voit des os en croix sous une tête de mort.

Le chapiteau du pilastre voisin vers la rue Montmartre est plus remarquable encore. Il a été surmoulé il y a quelques années et décore aujourd'hui le dessous de l'escalier à l'hôtel Carnavalet. Au milieu du feuillage, un enfant ravissant dans une position un peu risquée, les bras en l'air, porte une corbeille de fruits; de chaque côté, deux jeunes et beaux génies sont arc-boutés à l'abaque. Ce chapiteau, bien connu des artistes, est surmonté de la plus admirable console de tout le couronnement.

Chauvet sc.
Imp. Quantin

# INTÉRIEUR DE L'ÉGLISE

Si, entrant à Saint-Eustache, on se place sous la tribune des grandes orgues, dans le vestibule intérieur, il est impossible de ne pas se sentir vivement impressionné par l'aspect des immenses proportions du vaisseau et surtout par la hauteur colossale des voûtes. Avant de pouvoir se rendre compte de ses impressions, on éprouve un mélange d'admiration et de surprise devant l'étrangeté de cette construction qui n'a pas eu d'analogue. L'architecte a voulu réunir dans un même édifice les deux arts dont l'antagonisme se partageait la France artistique au XVIe siècle en laissant à chacun d'eux sa physionomie distincte. La Renaissance à Saint-Eustache prolonge le gothique d'un siècle et semble donner à cet art mourant une nouvelle vie, en mariant ses pilastres, ses colonnes, ses frontons grecs aux voûtes ogivales et aux arcs-boutants. L'abside, au loin, garde encore l'arc brisé.

Les colonnettes corinthiennes s'associent aux piliers prismatiques sans base et sans chapiteau; des nervures tranchantes qui se ramifient en combinaisons diverses renforcent également toutes les voûtes. Il y a de tous côtés des clefs d'un très-bon travail en forme de culs-de-lampe, couvertes de draperies, de feuillage et de têtes d'anges. Et avec cette architecture incomparable, comme les trois parties de l'élévation, chapelles, collatéraux, [maîtresse voûte, s'étagent hardiment les unes au-dessus des autres ! Comment joindre plus de grâce et de charme à plus de grandeur ?

Quatre rangs d'ouvertures distribuent la lumière : le premier dans les chapelles, le second dans les collatéraux, le troisième à la galerie et le dernier vers la voûte de la grande nef. De deux heures à quatre heures, lorsque le soleil donne sur toute la façade méridionale et éclaire l'intérieur de l'église jusqu'au fond de la chapelle de la Vierge mystérieuse et sombre, se jouant à travers les arcs de la nef, du chœur et des bas-côtés, allumant les roses du transept, faisant briller l'or et la couleur répandus à profusion sur les parois des chapelles et sur l'architecture qui leur sert d'encadrement extérieur, le visiteur reste émerveillé, un cri d'admiration s'échappe de ses lèvres; jamais pareil spectacle ne s'était présenté à ses regards.

Du bas de l'église, si l'on examine avec attention la travée qui forme son chevet, on s'aperçoit de l'inclinaison de l'axe du monument par rapport à l'orient vrai. Le chœur et l'autel penchent un peu vers la droite. Cette inclinaison se remarque dans toutes les basiliques bâties au moyen âge et au commencement de la Renaissance. Leurs architectes si chrétiens et si pieux se laissaient guider par une pensée toute mystique. D'après la doctrine catholique, l'église de pierre représente Jésus-Christ en croix, la nef est son corps, le transept ses bras, le chœur sa tête, et il est écrit de Jésus mourant sur la croix : *il pencha la tête et rendit l'âme.*

Voici maintenant la composition et les proportions de l'église : du portail occidental au transept, il y a cinq travées, le chœur en compte trois en longueur, et l'abside cinq en pourtour. Les arcs et les baies sont partout en plein cintre, excepté à l'abside, où l'ogive s'est réfugiée dans les grands arcs du premier ordre et dans les fenêtres hautes. Des bas-côtés doubles s'étendent tout autour de l'édifice. Les chapelles sont au nombre de dix dans la nef, et le plan primitif du chevet en admettait quinze, dont quelques-unes ont été affectées à d'autres usages.

Les proportions de l'église sont les suivantes : Saint-Eustache a dans l'œuvre 88 mètres 48 centimètres de long sur 42 mètres 74 centimètres de large ; les bas-côtés, à partir des axes des piliers, 6 mètres. La hauteur de la nef est de 33 mètres 46 centimètres, l'épaisseur de la voûte au droit de la clef 41 centimètres ; depuis cet extrados jusqu'au faîtage, il y a 15 mètres 58 centimètres.

En sortant du vestibule, remarquons entre

les colonnes deux beaux et grands cartouches
Louis XVI : des palmes entourent un bouclier
et un cor de chasse. Les sculptures de l'entrée
sur la grande nef et du dessous de la tribune
méritent aussi l'attention. Encadrements, consoles, monogramme, guirlande de feuilles de
chêne, grappes de fruits sont exécutés de main
de maître et fouillés comme les bronzes de
Gouttière à cette époque.

### GRANDE NEF

Franchissons la balustrade qui enferme la
nef, pour nous arrêter à la hauteur de la
chaire et du banc-d'œuvre. Cette nef si haute n'a
plus ses proportions d'autrefois. Toute une travée
fut démolie au XVIII<sup>e</sup> siècle dans les circonstances
que l'on sait. Au lieu donc de douze piliers et de
six travées, elle ne se compose plus que de cinq
travées soutenues par dix piliers. Ces piliers sont
carrés et prismatiques, partagés dans leur hauteur en plusieurs étages de pilastres doriques,
ioniques, corinthiens et composites. A l'étage
le plus élevé, les colonnes s'arrondissent; elles
sont cannelées jusqu'à la bague. De leurs chapiteaux partent en gerbes de vigoureuses nervures
qui se répandent sur les voûtes pour aboutir à
des culs-de-lampe ou à des rosaces.

Au-dessus du premier ordre règnent des galeries appelées *triforium*. Elles forment un rang

continu d'arcs cintrés avec petits pilastres ioniques dans les intervalles. Cet ornement embellit
et allège les hautes murailles et produit un effet
d'autant plus heureux que ces galeries sont
éclairées par des fenêtres intérieures qui leur
donnent l'apparence d'une découpure élégante du
meilleur style. Au dessus, de hautes fenêtres à
quatre jours, dont les tympans figurent des fleurs
de lis, versent à flot la lumière dans la nef. Les
vitraux, charmantes bordures de fleurs et de
fruits, ont été dessinés par Cartaux. A certains
jours, vers le soir, ce vaisseau paraît tout en feu,
lorsque le soleil donne sur les vitraux de la belle
rose qui décore le faîte des grandes orgues.

Si nous descendons maintenant aux détails,
comment ne pas admirer ces sculptures élégantes et capricieuses qui grimpent, se pour-
suivent et se perdent en se jouant sur les piliers.
A chacun des piliers de la nef, sous le chapiteau
qui reçoit l'arcade de la travée, sont des mascarons variés qui paraissent écrasés sous le faix
qui les accable. Les uns présentent des figures
tristes, quelquefois grimaçantes, les autres sont
des monstres d'une laideur bizarre. Partout des
losanges en saillie coupent les longues lignes
des pilastres. Toutes les moulures ont le profil
qu'on leur donnait au commencement du
XVI<sup>e</sup> siècle, durant lequel on cherchait à reproduire la décoration des moulures antiques.

A la troisième travée, on aperçoit un penden-

tif intéressant, l'écusson du chancelier Séguier,
l'un des bienfaiteurs de Saint-Eustache. Cet
écusson, qui est *d'azur au chevron d'or accompagné en chef de deux étoiles de même et en
pointe d'un mouton passant d'argent*, se tient
comme suspendu aux nervures, paré du manteau, du casque, des deux masses et du mortier.

Admirons maintenant à côté de nous un chef-
d'œuvre, le seul laissé à Saint-Eustache par la
Révolution. Ce banc de l'œuvre, magnifique
pièce en bois sculpté, reproduit un portique grec
soutenu par quatre colonnes ioniques cannelées.
Élevé à la gloire de sainte Agnès, la jeune martyre est agenouillée sur l'entablement, les bras
tendus vers le ciel; des anges accourent et lui
apportent la palme et la couronne du triomphe.
Au dessous, entre les colonnes, deux autres soutiennent un médaillon qu'un troisième ange, le
plus beau, plein de grâce et de hardiesse, sus-
pend à la voûte du portique.

M. Gaudereau dit que ce médaillon, avec son
crucifix, est un chef-d'œuvre de sculpture. Le
christ est en plâtre, ainsi que d'autres ornements
de ce banc restauré trop souvent. Au XVIII<sup>e</sup> siècle,
ce médaillon, entouré de palmes, était orné du
chiffre de sainte Agnès, qui se répétait avec celui
de saint Eustache sur les panneaux détruits il
y a quatre ans pour faire place aux tables de
marbre où sont gravés en or les noms des curés de
la paroisse. Derrière le banc au-dessus du médail-

lon se voit dans un cartouche un faisceau romain
couronné de feuilles de laurier : c'est le faisceau
glorieux de la patricienne, et non les armes de
Mazarin, comme le croit M. Gaudereau. Les ré-
volutionnaires trouvèrent là un symbole répu-
blicain, et notre banc d'œuvre fut sauvé.

Exécuté par Lepautre sur les dessins de Cartaux, il coûta vingt mille livres au duc d'Orléans,
alors régent du royaume. Ce prince, qui résistait
peu à ses passions, voulut posséder à tout prix
un tableau célèbr e de notre église, saint Jacques
à genoux, peint par Valentin. Une nuit il le fit
enlever; on mit à sa place une assez bonne copie.
Le procédé parut violent, même à cette époque.
Aujourd'hui la ville peut en faire tous les jours
autant et même davantage. Quoi qu'il en soit, la
fabrique obtint du Régent vingt mille livres, qui
ont été bien employées.

Vis-à-vis, la chaire paraît bien maigre; les
rainceaux de la rampe et les trois médaillons du
pourtour, la Foi, l'Espérance et la Charité, sont
cependant d'un bon style; le reste, et l'abat-voix
surtout, est insignifiant. Cette nouvelle chaire
fait regretter l'ancienne exécutée sur les dessins
de Lebrun. Nous en possédons la gravure.

Le buffet de l'orgue édifié en 1854 est, au contraire, vraiment digne de notre église. Du milieu
de la nef, son ordonnance nous apparaît dans
toute sa perfection. Comme l'instrument qu'il
contient, le buffet est un véritable objet d'art, qui

fait honneur à notre époque. Son architecture élancée est bien dans le style de Saint-Eustache; ses proportions sont irréprochables. Le soubassement comprend une galerie de colonnes corinthiennes et d'arcades réunies par une riche balustrade qui suit les contours de la corniche en pierre de la tribune. Il se termine par une série de petites voussures sculptées qui supportent par encorbellement les tuyaux de la grande montre.

La grande montre a sept tourelles, dont les culots sont formés de consoles entre lesquelles se groupent des chimères, des griffons, des harpies et des oiseaux de nuits. Les baldaquins sont découpés en rainceaux au milieu desquels des cygnes combattent des serpents et des oiseaux jouent avec des lézards. Dans les angles extrêmes de la montre, des sirènes font l'office de cariatides.

La décoration du couronnement appartient entièrement aux idées religieuses. La frise est une suite de têtes de chérubins; sur la corniche voltigent des anges qui tiennent des guirlandes de fleurs. Au-dessus des tourelles de gauche, assis sur un trône, Saül furieux brandit son javelot; du côté opposé, David, tenant une cithare, cherche à calmer par ses accords la fureur de Saül. C'est le symbole de la puissance de la musique et de son action bienfaisante. Au-dessus de la tourelle centrale, trône sainte Cécile, la patronne des musiciens ; elle tient d'une main la palme du martyre et de l'autre elle s'appuie sur une harpe. Ces trois statues sont de M. Guillaume, ancien grand-prix de Rome, aujourd'hui directeur de l'Ecole des Beaux-Arts.

## TRANSEPT

De ce point central, l'élégante architecture de Saint-Eustache a tout son éclat et sa grandeur. C'est la partie la mieux proportionnée et la plus riche de tout l'édifice. Quels aperçus merveilleux offrent en biais de cet endroit les bas-côtés si élevés et les chapelles si éclairées ! Ce sont autant de rayons lumineux entre les bras de la croix. Au-dessus de nos têtes, voilà *l'arcade triomphale*, c'est le nom que l'on donne à juste titre à la voûte centrale du transept. Comme elle est noblement et fortement appuyée sur ses quatre piliers puissants, composés de pilastres élancés et couronnés par de larges chapiteaux d'acanthe !

Cette voûte étonne par la richesse de sa disposition et par la hardiesse de sa clef pendante, qui n'a pas moins de 9 mètres de retombée. Deux anges de grandeur colossale étreignent la croix, sur les bras de laquelle est entrelacée une couronne d'épines. Autour, à l'entre-deux des nervures, tombent d'autres clefs admirables. Les petits pendentifs des côtés offrent aussi des détails intéressants : aux deux extrémités touchant au mur, un Saint-Esprit; çà et là, des cœurs, des têtes d'anges, le monogramme du Christ, celui de sainte Agnès, un petit ange debout et des consoles variées.

Huit grandes fenêtres comme celles de la nef, ornées des mêmes vitraux et dont les tympans sont aussi découpés en fleurs de lis, s'ouvrent au-dessus du triforium et des collatéraux. Sur les piliers, soit au midi, soit au nord, les têtes sculptées sous les chapiteaux sont toutes plus ou moins horribles. Les autres détails d'architecture ne diffèrent pas de ceux de la nef. Mais ce qui donne à cette partie de l'église sa légèreté et sa beauté singulière, ce sont les jours procurés par ses deux grandes croisées du midi et du nord. La découpure de chaque muraille présente, en effet, une grande rose, au dessous une galerie correspondant au triforium, plus bas une autre galerie faisant suite aux fenêtres des nefs collatérales, et enfin de larges ouvertures pratiquées au-dessus des portes.

La croisée du midi, nous l'avons dit, est la plus ancienne; aussi est-elle la plus remarquable par la pureté des lignes et l'achèvement du travail. On voit tout d'abord un embarras vaincu de la manière la plus heureuse et la plus simple. Au-dessus du premier ordre dans chaque encoignure, un tiers au moins des deux cages d'escaliers des tourelles faisait saillie; l'architecte les a distribuées en cinq étages inégaux, qui reposent sur un encorbellement plein de goût ; il les a revêtus de légers pilastres, de sorte que dans ses mains habiles, ces deux cages d'escaliers sont devenues deux ornements pour toute la croisée.

Que de richesses artistiques sont répandues sur ce croisillon, quelle rose purement découpée, que ces meneaux ont été délicatement sculptés ! Ses vitraux font le meilleur effet. Au dessous règnent deux étages de galeries dont les fenêtres sont aussi ornées de vitraux modernes. Dans la galerie la plus basse, les cinq fenêtres nous montrent le Roi-Prophète David ayant à ses côtés les quatre grands prophètes : Isaïe, Jérémie, Ezéchiel et Daniel. Au-dessus de la porte, les prophéties sont accomplies. Les vitraux d'une large fenêtre représentent la naissance de Notre-Seigneur Jésus-Christ. Le sujet occupe les cinq jours en arcades et les six hexagones. Ce vitrail, toujours bien éclairé, mérite l'attention et contribue largement à la décoration du transept.

Autrefois un tambour admiré de tous les antiquaires cachait complétement la porte. Il fut détruit en 1859. Nous lui devons la conservation d'une statue gothique de saint Jean provenant de l'ancienne église. Elle jure là, posée sur un gracieux pilier trumeau de la Renaissance. Dans le socle sont taillées de petites niches ornées de ravissantes statuettes bien conservées aussi.

Sur le linteau de la porte le dais est des plus
élégants. Dans le mur oriental du croisillon, il
était resté aussi un petit ajustement d'architecture du xvie siècle servant de retable à un autel
consacré à sainte Véronique; il se composait de
pilastres ciselés d'arabesques, de médaillons contenant des emblèmes, de niches rehaussées de
couleurs, et surmontées de dais du travail le
plus achevé, ayant abrité les statues de saint
Pierre, saint Jacques et saint Jean, comme l'in-
diquaient le coq, le bâton et le cœur enflammé
sculptés dans le médaillon. Lors de la restauration du portail, on a reproduit en face le même
ajustement. De chaque côté on aperçoit aujour-
·d'hui sous les dais trois statues d'apôtres : à gauche celles qui s'y trouvaient autrefois; à droite,
celles de saint André, de saint Philippe et de
saint Thomas, avec leurs emblèmes dans la couronne du socle. Entre les pilastres ciselés, on a
installé des bas-reliefs de Devers en terre cuite
émaillée représentant les patrons des musiciens.
De ce côté se voient saint Ambroise et saint
Grégoire le Grand.

A la même époque, tout le premier ordre de la
croisée a été couvert de peintures murales de la
plus grande richesse; l'or et la couleur y brillent
du plus vif éclat et rehaussent merveilleusement les lignes élancées de l'architecture. Les
sujets encadrés dans les décors ont été peints
par Signol : au-dessus des niches de gauche, un

des quatre Evangélistes, saint Marc; dans la croisée, Jésus porté au tombeau et la Résurrection; en face de saint Marc, saint Jean l'Evangéliste; de chaque côté de la porte, deux médaillons sur fond d'or, très-décoratifs, encadrent deux vertus cardinales: la Tempérance montrant un frein et la Justice avec sa balance.

L'architecture du croisillon nord est plus lourde; la date de 1640, si apparente sous la seconde galerie, explique facilement ce changement dans le style. Nous sommes en plein XVIIe siècle, à cent années de François Ier. Le vieil architecte Charles David, âgé de 88 ans, est toujours là, sans doute, veillant au plan et à l'ensemble, qui restent les mêmes qu'au midi; mais quelle différence dans l'exécution des ornements! La grande rose est banale et imitée du gothique plutôt que de la Renaissance; les meneaux ne sont plus délicatement sculptés et ne présentent que des nervures grossières. Autour de cette rose quatre oculus font tache dans la muraille malgré les vitraux aux armes de la ville. La fenêtre au-dessus de la porte n'a que trois lourdes arcades couronnées par un sphéroïde. Dans les angles des bras de la croix, à la place des tourelles d'en face, s'étagent de maigres pilastres portant des vases avec flammes.

Dans le mur oriental on a retrouvé, derrière une armoire, les ruines de sculptures faisant pendant avec celles de l'ancienne chapelle du

midi. Elles étaient dans un tel état de dégrada-
tion, qu'elles n'ont pu être conservées. Néan-
moins cette grande croisée du nord, restaurée du
haut en bas, et couverte aussi de peintures décoratives, est aujourd'hui tout éclatante d'or et
de couleur. Avec ses vitraux à la rose, aux galeries et à la fenêtre, elle ferait le même effet que
celle du midi si elle était également éclairée.
Mais, nous l'avons dit, de hautes maisons voisines et le presbytère la masquent, presque entièrement.

Il faut examiner maintenant les sculptures et
les peintures; elles datent de 1854 et des années
suivantes. Entre les deux petits tambours de la
porte, remarquons d'abord une charmante statue
de sainte Agnès, par Delaplace. Notre jeune patronne tient une palme, et porte sur ses bras croi-
sés avec grâce, un petit agneau sur lequel elle
penche la tête. Ses traits de quinze ans respi-
rent l'innocence et la candeur. La colonne,
ornée d'un petit cartouche, le socle au-dessus
du chapiteau et le dais au milieu du linteau, ont été exécutés dans le goût du temps.
Dans les angles, on a copié exactement les
mêmes pilastres, couverts d'arabesques admirables, les mêmes niches et les mêmes dais
qu'au midi. A droite, sont les statues de saint
Simon, de saint Jude et de saint Mathias; au
dessous, le bas-relief émaillé de sainte Cécile;
à gauche, saint Barthélemy, saint Mathias et

saint Jacques le Mineur; dans le bas-relief, David chante avec les anges, les patriarches et les prophètes en s'accompagnant sur la harpe. Signol a peint les deux Évangélistes, saint Luc et saint Mathieu, les deux grands sujets : la sainte Vierge et les femmes de Jérusalem rencontrant Notre-Seigneur portant sa croix, le crucifiement, ainsi qu'au dessous les deux médaillons, sur fond d'or, des deux autres vertus cardinales, la Force, près d'une colonne, et la Prudence, qui veille près d'une lampe où s'enroule un serpent.

## CHŒUR

Ce vaste chœur, presque égal à celui de Notre-Dame, compte trois travées dans sa longueur, et l'abside cinq en pourtour. Douze piliers portent les voûtes. Les six du fond sont tellement rapprochés qu'on n'a pu y employer l'arcade, comme dans tout le reste de l'église. Ils se lient entre eux par des arcs brisés, c'est-à-dire par une ogive. Les piliers qui entourent le chœur sont tous ornés, sous les chapiteaux, de têtes de chérubins ailés, dont les traits expriment une suave piété ou une douceur toute céleste. Les hautes fenêtres sont plus étroites que dans la nef; les six des trois grandes travées n'ont qu'un seul meneau au milieu, et celles du fond de l'abside, plus étroites encore et complétement ogivales, en sont dépourvues.

Les vitraux qui remplissent les onze fenêtres, portent tous la date de 1631, et on lit au fronton le nom répété plusieurs fois d'un verrier, appelé Solignac, parfaitement inconnu d'ailleurs. Ce peintre, qui ne manquait pas d'une certaine habileté, a représenté plus grands que nature les quatre Pères de l'Église latine et les douze Apôtres, avec les attributs ordinaires qui les caractérisent. Les personnages se détachent sur des corps d'architecture, disposés en perspective et figurant de longues galeries à colonnes corinthiennes. A la fenêtre du fond, saint Eustache, patron du temple, occupe une place privilégiée. Dans la partie supérieure de la même baie, on voit encore l'écu de France, la Vierge et le Christ qui porte sa croix. Un écrivain sérieux, que M. Gaudereau ne nomme pas, a attribué, paraît-il, les cartons de ces vitraux à Philippe de Champagne.

La voûte qu'ils éclairent est d'une incomparable richesse. Les nervures prismatiques et tranchantes étant plus rapprochées, on a multiplié leurs combinaisons vers les pendentifs, qui sont plus grands, plus ornés et plus finis que ceux de la nef. La clef pendante de l'abside, au-dessus de l'autel, est un tour de force dans l'art de construire, capable quelquefois de causer au spectateur, plus d'étonnement que de plaisir. Cette construction se compose de neuf groupes de têtes d'anges, ayant pour centre un groupe plus nombreux de chérubins, posés sur des nuages et entrelacés dans une vaste couronne] embellie d'ornements divers. La retombée est de dix mètres environ.

Ce chœur est meublé de quatre rangs d'anciennes stalles provenant du couvent des religieuses chanoinesses de Picpus. Elles furent achetées cinq mille francs en 1795. Les sculptures des miséricordes et des bras datent d'une bonne époque.

Le pavé et l'autel sont modernes. Composé de marbres de différentes couleurs, ce pavé fut posé en 1869, comme l'indique l'inscription centrale. Seule la grecque de l'entrée du chœur, devant la grille de communion, tient du style de la Renaissance. Les autres détails ne brillent pas par la conception. Il eût été si facile de copier dans un livre du xvi$^e$ siècle, à la fin d'un chapitre, un beau cul-de-lampe. Quoi qu'il en soit, c'est un grand et beau travail, exécuté avec habileté.

L'autel est placé et construit selon les règles anciennes et les prescriptions canoniques. Le prêtre, en y célébrant le saint Sacrifice, a le visage tourné directement vers l'Orient. Il a été construit sur les dessins de M. Baltard, architecte de la ville. Les cinq marches, le tablier, le tombeau et le baldaquin ont été taillés dans du marbre blanc de Paros inaccessible à l'humidité.

Toutes les sculptures, rehaussées d'or, sont finement traitées. Au milieu, un médaillon de l'Agneau immolé, des grappes de raisin, des fruits variés, des épis de blés l'encadrent; à droite et à gauche, ainsi qu'aux extrémités de l'autel, l'ange, le lion, le bœuf, l'aigle, symboles des quatre Evangélistes; des médaillons contiennent le taureau de saint Eustache sur un brasier; des cordes et des chaînes, sur lesquelles est placé un glaive, un faisceau de palmes et de lis, rappellent sainte Agnès. Entre ces ornements, six croix de chaque côté, séparées par des épis de blé et des ceps de vigne, symbolisent les douze Apôtres et la matière du sacrifice. Au centre d'un triple étage de gradins, s'élève un baldaquin magnifique, mais peu proportionné à l'autel. C'est en vain qu'aux extrémités de l'autel on a ajouté des pilastres élancés, soutenant quatre groupes de colonnettes, destinées à recevoir des cassolettes d'encens. Sur le dessin, le projet avait sans doute des proportions [parfaites; l'autel exécuté et mis en place, les avait perdues.

L'architecte a été plus heureux pour le tabernacle en bronze doré. C'est une pièce remarquable : construit en forme de croix latine, le style est byzantin, ses portes sont ciselées à jour avec une grande perfection, son fronton présente un ornement très-ingénieux, dont le sujet est la définition du mystère de la Sainte-Trinité.

Avant la révolution, le maître autel de Saint-Eustache possédait un tablier célèbre, un superbe bas-relief en pierre de liais représentant le Christ au tombeau, et sculpté par Daniel de Volterre, disciple de Michel-Ange. Perdu dans les magasins du Louvre, ne serait-il pas possible de le retrouver pour le rendre à l'église à laquelle il appartenait? On lui trouverait facilement une place digne de sa valeur artistique.


## COLLATÉRAUX


On peut sortir du chœur par une des grilles latérales appelées les portes de bronze, fondues il y a vingt ans dans les ateliers de M. Calla. Leur légèreté, leur style plein de goût les feront toujours apprécier des connaisseurs. Ouvrons celle de droite, qui donne sur la tribune de nos musiciens où se trouve l'orgue d'accompagnement. Nous voilà dans les collatéraux. Dans leurs deux lignes, les voûtes ont une hauteur égale, elles sont moins élevées dans les chapelles;

c'est dans l'intervalle que s'ouvre le second rang
de fenêtres, divisées en quatre compartiments
par des meneaux qui se terminent en cœur.
Ce ne sont pas *des bas-côtés*. Ces voûtes
élégantes avec leurs nervures se croisant à
une clef pendante, ont plus d'élévation que la
nef de beaucoup d'églises. Les piliers qui les
portent offrent à l'œil encore plus de grâce et
d'harmonie que ceux du grand vaisseau; l'architecte y a agrafé au troisième ordre quatre charmantes colonnettes de style italien. Elles sont
coupées par des bagues et agrémentées à la base
de deux petites têtes d'anges se regardant. Les
pilastres inférieurs sont ornés de chapiteaux
d'acanthe fouillés avec soin, et des losanges en
saillie, avec moulures, rompent la monotonie
des lignes. Leur structure forte et hardie, leurs
lignes pures et sévères appellent les regards en
haut et élévent l'âme à Dieu. Telle est l'impression ressentie en parcourant ces merveilleux
collatéraux.

En les descendant, nous sommes revenus à
notre point de départ vers le grand portail occidental. En face de nous se trouve suspendu à
la muraille, trop nue en cet endroit, un médaillon en marbre blanc, contenant le buste de Chevert. L'épitaphe de ce guerrier, inhumé à Saint-
Eustache, se lit au dessous sur une table de
marbre. Cette épitaphe célèbre, composée par
d'Alembert, offre la preuve de la précision dont

notre langue est susceptible et l'exemple d'un grand mérite loué par un grand talent :

CY-GIT

FRANÇOIS CHEVERT

COMMANDEUR, GRAND'CROIX DE L'ORDRE DE SAINT-LOUIS,

CHEVALIER DE L'AIGLE BLANC DE POLOGNE,

GOUVERNEUR DE GIVET ET DE CHARLEMONT,

LIEUTENANT GÉNÉRAL DES ARMÉES DU ROY.


SANS AYEUX, SANS FORTUNE, SANS APPUY,

ORPHELIN DÈS L'ENFANCE,

IL ENTRA AU SERVICE A L'AGE DE XI ANS,

IL S'ÉLEVA A FORCE DE MÉRITE,

ET CHAQUE GRADE FUT LE PRIX D'UNE ACTION D'ÉCLAT.

LE SEUL TITRE DE MARÉCHAL DE FRANCE

A MANQUÉ NON PAS A SA GLOIRE

MAIS A L'EXEMPLE DE CEUX QUI LE

PRENDRONT POUR MODÈLE

IL ÉTAIT NÉ A VERDUN SUR MEUSE, LE 2

FÉVRIER 1695. IL MOURUT A PARIS,

LE 24 JANVIER 1769.

*PRIEZ DIEU POUR LE REPOS DE SON AME*

En restaurant l'épitaphe, on a rétabli les deux lignes de titres grattés à la Révolution et, après *Lieutenant général des armées*, les mots *du Roy*, qui avaient été effacés encore plus profondément.

Au-dessus de la porte vitrée voisine, il faut remarquer un des plus précieux tableaux de l'église, le martyre de saint Eustache. C'est un original de Simon Vouet, commandé par le cardinal de Richelieu et donné par Louis XIV à Saint-Eustache. Il ornait autrefois le sanctuaire. A la Révolution, il fut vendu et après acheté par le cardinal Fesch. A sa mort, on vendit à Rome sa galerie; un ami des arts acheta ce tableau, le transporta à Paris et le céda à M. Moret, savant .collectionneur. Celui-ci ayant proposé au préfet de la Seine de le céder pour le simple remboursement de ses frais, pourvu qu'il fût restitué à l'église qui l'avait possédé, le marché fut vite conclu, et ce beau tableau revint à Saint-Eustache. Il est dans. un état de conservation et de fraîcheur parfaites.

## CHAPELLES LATÉRALES

Un grand arc cintré forme l'ouverture de ces nombreuses chapelles encadrées sur les bas-côtés par les deux premiers ordres des piliers engagés dans les murs latéraux. Toutes les chapelles sont éclairées par une haute et large fenêtre également partagée en quatre compartiments par des meneaux, dont les entrelacements forment au-dessus des quatre arcades deux ovoïdes ou sphéroïdes accouplés qui reposent sur des rhomboïdes de diverses grandeurs. L'architecture à l'intérieur consiste en colonnes et pilastres avec chapiteaux corinthiens supportant des voûtes à nervures croisées. Dans les chapelles du chevet, c'est toujours l'élégante colonne italienne à bague dont on ne peutse lasser d'admirer les gracieuses proportions. Dans celles de la nef, ce sont plutôt des pilastres.

Ces chapelles et l'architecture qui leur sert d'encadrement extérieur, ont été revêtues d'un rideau de riches peintures décoratives. Ce fut en nettoyant l'édifice, en 1849, qu'on découvrit dans une chapelle des restes importants de peintures murales dont l'existence était inconnue et qu'un épais badigeon recouvrait depuis longtemps. De nouvelles recherches firent retrouver des peintures semblables dans plusieurs autres. Il fut alors décidé par l'administration municipale que les peintures anciennes seraient soigneusement restaurées et que des fresques nouvelles, exécutées dans les chapelles où il ne s'étaitrien rencontré, viendraient compléter la décoration. L'ensemble aujourd'hui est magnifique, quel que soit le mérite particulier de chacune des parties qui concourent à l'effet général. Les peintures anciennes sont l'œuvre d'artistes du xviie siècle qui paraissent s'être formés à l'école de Simon Vouet.

Les fresques et les décors à exécuter furent confiés par M. Baltard à des artistes de talent, quelques uns grands-prix de Rome ; nous donnerons le nom des peintres en décrivant leurs œuvres. Mais il faut nommer ici M. Dénuel, qui eut les peintures de décors de la grande chapelle de la Vierge; M. Séchant, qui eut celles de toutes les autres chapelles, et MM. Gallois et Poignant, à qui furent confiées les nouvelles sculptures d'ornements. Ces artistes distingués rétablirent les génies symboliques placés dans les tympans des archivoltes. Ils sont faits alternativement en grisailles à une chapelle et en coloris sur fond d'or à la suivante. Ces génies portent les attributs convenables au vocable de la chapelle.

Les frises de la façade furent ornementées avec une élégance remarquable, avec une symétrie pleine de délicatesse. Tour à tour les sujets y sont peints aussi en coloris, sur un fond d'or, et en grisailles sur un fond d'azur. Celles qui entourent la nef ont quelque chose de moins somptueux, mais ne sont pas moins ouvragées. Toutes ces chapelles furent placées de nouveaux sous le patronage des fondateurs ou des bienfaiteurs de l'église; leurs blasons qui avaient été ou badigeonnés, ou morcelés, ou détruits en 1793, furent restaurés ou rétablis et peints d'une façon conforme aux prescriptions de l'art héraldique, tels qu'ils étaient dans l'origine au fronton de chaque chapelle. Il était juste de faire revivre de pieux et nobles souvenirs.

Nous commencerons la visite de toutes ces

chapelles si intéressantes, par celle près de laquelle nous nous trouvons, la première du côté
droit de l'église.


CHAPELLE DE LA VILLE DE PARIS. — Par respect pour la voie publique qu'il n'était pas permis d'entamer, l'architecte a dû construire sur
un plan tout oblique, le mur des chapelles du
midi, de telle façon que les deux premières surtout n'ont pas même en profondeur de quoi con-
tenir un autel. Pour donner à toutes des dimen-
sions égales, il eût fallu gagner du terrain aux
dépens des parties essentielles de l'église. Le
système qu'on a suivi était certainement le
meilleur.

Cette première chapelle n'a donc pu servir
qu'à conserver une inscription précieuse pour
l'histoire de Saint-Eustache. Elle est gravée en
lettres d'or sur une plaque en marbre noir :

   L'an mil six cent trente sept, le vingt-sixième jour d'avril,
deuxième dimanche d'après Pasques, cette église, ayant été
rebastie de fonds en comble, a été de nouveau desdiée et consacrée avec le maistre autel d'icelle, à l'honneur de Dieu,
soubs l'invocation de la bienheureuse Vierge Marie et des
bienheureux martyrs sainct Eustache et saincte Agnès et de
sainct Louis, confesseur, jadis roy de France, par révé-
rendissime père en Dieu, messire Jean-François de Gondi,
premier archevêque de Paris, conseiller du Roi en ses con-
seils, commandeur de ses ordres et grand maistre de chapelle de sa Majesté. Ce requérant, vénérable et discrète personne maistre Estienne Tonnelier, presbstre, docteur en
théologie et curé de la dicte église, avec haut et puissant

seigneur Mons. P. Séguier, chevalier, chancelier de France,
M. Maistre Gratien Menardeau, conseiller du roi en la cour
du Parlement, honorable Jean Bachelier et Charles Gourlin,
marchands bourgeois de Paris, au nom et comme Marguilliers de l'œuvre et fabrique d'icelle église. Et a ledit sieur
Archevêque donné indulgence en la forme ordinaire de l'é-
glise à tous ceulx et celles qui visiteront annuellement la
dicte église, le deuxième dimanche d'après Pasques, jour et
feste de la dédicace d'icelle.

Cette chapelle, ornée du blason de la ville de
Paris, *de gueules au navire habillé d'argent,
flottant sur des ondes de même, au chef de
France, semé de fleurs de lis,* fut autrefois nommée la chapelle de M. Séguier. Les dépouilles
mortelles de quelques membres de sa maison y
furent déposées. Le chancelier, lui, fut inhumé à
Saint-André des Arcs, en 1580; mais il habita
longtemps, sur la paroisse Saint-Eustache,
l'hôtel Séguier, qui devint, en 1660, l'hôtel de
Condé, et en 1704 l'hôtel des Fermes.

CHAPELLE DU CALVAIRE. — Elle fut fondée
par les comtes de Castille, vers 1600. Leur
écusson est *d'azur au château d'or donjonné
de trois pièces également d'or,* surmonté d'une
couronne de comte. Consacrée d'abord à saint
Pierre, puis à saint Simon, elle l'est aujourd'hui
au Calvaire. On y a placé un monument de Jésus en croix, souvenir d'une mission prêchée
en 1825 : cette croix est devenue l'objet d'une
tendre vénération. On y honore la relique de
sainte Hélène, qui retrouva la vraie croix. Le

reliquaire pourrait être mieux placé que dans
son coin obscur. François de Castille et Nicolas
de Castille, conseillers du roi, furent inhumés
dans cette chapelle en 1630 et 1634.

CHAPELLE DE SAINTE-CÉCILE. — Le blason est
celui des Montescot, *de gueules à trois rochers
d'argent*. Elle fut vendue, en 1604, à Claude de
Montescot, trésorier des parties casuelles. Aussi
son ancien vocable fut-il Saint-Claude, bien
qu'elle soit aujourd'hui dédiée à sainte Cécile.
Des reliques de cette sainte illustre y sont exposées, et on y admire une petite fresque ancienne, très-bien conservée, représentant sainte
Cécile tenant l'épée de son martyre, et un viei
anachorète, saint Léonard, dont le double culte
était autrefois en honneur à Saint-Eustache.
Au-dessus de cette peinture, le compartiment
de la voûte est couvert d'une très-riche sculpture.

CHAPELLE DES SAINTS-INNOCENTS. — La famille de Chantereau-Lestang acheta cette chapelle onze cents livres en 1588; c'est pourquoi
leur blason y a été rétabli. Il est *d'azur, à deux
lévriers passants d'argent écartelé d'argent au
lion de sable*. Dédié primitivement à la sainte
Trinité, puis au Saint-Esprit en 1622, et en 1800
à l'Ange gardien, elle fut consacrée, il y a vingt-

huit ans, à saint Joseph. Le sujet de la fresque, exécuté en 1850, par M. Barre, fils du graveur de la Monnaie, est saint Joseph endormi sur son établi. Un ange apporte à l'époux de Marie le lis de la virginité. Du côté opposé, au-dessus de l'autel, on a fixé dans une double niche un bas-relief médiocre, représentant le mariage de Marie et de Joseph. Une plus vaste et plus riche chapelle ayant été affectée au culte de ce patron de l'Eglise universelle, celle-ci a pour nouveau vocable les Saints-Innocents, dont le cimetière célèbre et la paroisse se trouvaient sur le terri·toire de Saint-Eustache. On doit remarquer toutes les sculptures de cette chapelle, la voûte, avec ses clefs et quatre caissons, un ancien écusson au-dessus de la fenêtre et surtout, sous le bas-relief, les ornements qui entourent un mascaron. Ces sculptures sont de l'époque de Louis XIII.

CHAPELLE DES AMES DU PURGATOIRE. — On doit sa fondation à la famille des Gentian, dont plusieurs membres ont été prévôts des marchands. Leur blason restauré contient de *gueules à trois faces vivrées d'argent et à la bande semée de France brochant sur le tout.* Cette chapelle portait le vocable du Saint-Sépulcre dans les plus anciens manuscrits; aujourd'hui elle est consacrée aux âmes du Purgatoire. On y expose à la vénération des fidèles,

une portion du sépulcre de Jésus-Christ et une
autre de la colonne de la flagellation. L'authentique est signé du cardinal Patrizzi. Les peintures historiques ont été confiées à l'habile pinceau
de M. Margimel. Sa fresque, une des plus remarquables de Saint-Eustache, a été gravée. Dans
le cintre de gauche, le Christ, descendu dans les
limbes, est au milieu des justes, qu'il inonde et
pénètre de sa lumière. Ils se pressent autour
de lui en formant deux groupes, à la tête desquels sont, d'un côté, Moïse avec ses tables, figurant la loi écrite, et de l'autre David se frap-
pant la poitrine et représentant la loi violée. Au
bas de cette composition sont Adam et Ève, ac-
compagnés de leurs enfants, qui demandent par-
don de leurs fautes à Jésus-Christ, placé sur un
nuage au-dessus d'eux, et dont le geste les en-
veloppe tous de sa miséricorde infinie. Sur le
devant on voit apparaître les flammes du purgatoire. Aux pieds du Christ est le serpent écrasé,
et près d'Adam le fruit défendu. Tout en bas se
lit l'inscription : *Ecce agnus Dei, qui tollit pec-
catum mundi;* « Voici l'agneau de Dieu qui efface le péché du monde. »

En face, M. Margimel a représenté le Père
éternel, compatissant aux douleurs de son Fils.
Il est comme penché sur le retable où l'on a
placé le groupe d'Etex, Jésus attaché à la
colonne entre deux anges désolés. Ce retable est formé de deux élégantes colonnes corin-

thiennes, portant une corniche ornée de ravissants petits mascarons Renaissance. On voit aussi dans la chapelle une statue en marbre de Chartrousse : une mère en pleurs étreignant une croix avec le texte : *Bienheureux ceux qui pleurent, parce qu'ils seront consolés.*

La clef centrale de la voûte, les quatre autres pendentifs et les compartiments présentent un travail merveilleux ; ce sont des dentelures d'un fini inimitable. Du côté opposé au retable, cette voûte n'est soutenue que par deux consoles grâcieuses au lieu de pilastres. Ce détail se rencontre seulement dans cette chapelle. — Le tablier de l'autel en bois sculpté, Jésus au jardin des Olives, est fort estimé des artistes.

Jean-Jacques Gentian fut inhumé en cet endroit dans l'ancienne église, en 1305. Philippe le Bel lui avait permis de charger ses armes d'une bande d'azur, semée de fleurs de lis d'or, pour lui avoir sauvé la vie à la journée de Mons contre les Flamands, en 1304. Un de ses descendants, prévôt des marchands, qui fonda la chapelle actuelle, y fut déposé en 1578.

Chapelle du Sacré-Cœur. — La première du chevet de l'autre côté du transept, elle fut fondée par les frères de Guillaume Morot, conseiller du roi et contrôleur des finances, et possédée ensuite par la famille de Puysieux, qui habitait l'hôtel d'Aligre, rue d'Orléans. Leur blason est au fronton : *de gueules à la bande d'or chargée d'une traînée de cinq barillets de sable*, avec couronne de marquis. Elle était consacrée, vers 1608, aux trois rois Mages, ainsi que l'indiquent les fondations *d'un obit* de cette date. En 1780 elle portait le titre de Saint-Jean-Baptiste, à cause de la sépulture de Jean-Baptiste Fleuriau, chevalier d'Armenonville, garde des sceaux, qui s'y faisait remarquer. Mort au château de Madrid, il fut transporté à Saint-Eustache en 1728. A côté fut inhumé, en 1732, Charles Fleuriau, comte de Morville, ministre d'Etat.

Les d'Armenonville habitaient l'hôtel portant leur nom, rue Jean-Jacques Rousseau, et devenu l'hôtel des postes. Le mausolée consistait en deux urnes réunies sur un rideau où l'on voyait leurs armes : *d'azur à l'épervier d'argent, membré, longé et grilleté de même, perché sur un bâton de gueules sur chef d'or chargé de trois glands de sinoples tigés et feuilletés de même.*

On lit dans les archives que la confrérie des marchands passeurs de peaux se réunissait dans cette chapelle Saint-Jean-Baptiste.

En 1843, elle fut dédiée au Sacré-Cœur, par M. Collin, curé de la paroisse. Les fresques sont de M. de Larivière. A gauche, Jésus-Christ apparaît tout ensanglanté, montrant

son Cœur entr'ouvert à quatre personnages :
le pape Clément XIII, zélé propagateur de la
dévotion au Sacré-Cœur; la bienheureuse
Marie-Marguerite Alacoque, de l'ordre de la
Visitation, à qui Notre-Seigneur apparut dans
le monastère de Paray-le-Monial; le Révérend
Père La Colombière, qui en fut le plus ardent
défenseur; enfin Mgr de Belzunce, évêque
de Marseille, obtenant par la consécration de sa
ville au Sacré-Cœur la cessation de la peste.
On voit aux pieds du pieux évêque une pauvre mère, frappée du fléau, tenant encore à
son bras son enfant. A l'opposé, l'artiste a représenté Marie, mère de douleurs, le cœur
percé d'un glaive. »

Un vitrail en grisailles insignifiant remplit la
croisée. La voûte est ornée d'une belle clef pendante, où se répète l'écusson des Puysieux. Les
six chapelles suivantes ont la même voûte à
nervures croisées sur un pendentif portant des
armes.

CHAPELLE SAINTE-AGNÈS. — Cette chapelle
était la propriété de la famille de Rouillé, alliée
à celle des Lecoulteulx de Canteleu, comme le
prouve le blason retrouvé intact à son fronton :
*de gueules au chef d'or chargé de de trois mer-*
*lettes de gueules accompagné de trois mains*
*dextres d'or, celle de pointe appuyée sur un*
*croissant de même, pour les* Rouillé *et au che-*

*vron de gueules accompagné de trois trèfles de sinoples* pour les Lecoulteulx.

Consacrée primitivement à sainte Marguerite et après la révolution à saint Joseph, elle eut pour vocable définitif sainte Agnès en 1850. Ses reliques y sont exposées à la vénération des fidèles ; reliques précieuses : trois phalanges d'une main de Sainte-Agnès, provenant de l'abbaye de Saint-Corentin, près Septeuil, et un fragment considérable d'une de ses côtes provenant du cimetière de Sainte-Priscille, à Rome, donné par Marie-Félix des Ursins, duchesse de Montmorency, supérieure de la Visitation de Moulins.

Un tableau de maître très-remarquable, Jésus mis au tombeau, orne l'autel. On l'attribue au Titien ou Giordano. Les fresques modernes sont de M. Vauchelet. D'un côté, sainte Agnès en prière se consacre corps et âme à Jésus-Christ ; en face, se voit la scène de son martyre : la flamme, se détournant du bûcher, renverse un bourreau ; un autre, armé d'un glaive, s'empresse d'égorger l'illustre vierge. Les vitraux de Lafaye méritent l'attention du visiteur. Quels charmants motifs de la Renaissance dans le dessin, mais que la cuisson est défectueuse ! Où sont nos verriers d'autrefois ?

CHAPELLE SAINTE-ANNE. — Elle fut dans un temps à la nomination de Jean-Baptiste Ma-

chault, conseiller au parlement; on y voyait
ses armes, qui ont été rétablies : *d'argent à
trois têtes de corbeaux de sable, arrachées
de gueules.* Ses vocables ont été successivement Notre-Dame de Pitié, Saint-Adrien
et Saint-Hubert; après la révolution, Saint-
Jacques et Sainte-Anne; depuis 1853, Sainte-
Anne seule. On y voit une relique précieuse et
rare, une parcelle du corps de sainte Anne;
dont l'authentique est signé par Mgr Sibour,
archevêque de Paris.

Les peintures murales ont pour sujets : la
Présentation au temple de Marie, conduite par
sainte Anne, et en face la mort de la mère de la
très-sainte Vierge; elles sont signées Lazerges.
La verrière de Lafaye a le même charme que sa
voisine comme dessin et le même défaut de
cuisson.

CHAPELLE DES SS. ANGES. — C'est dans cette
chapelle qu'eut lieu la découverte si précieuse
des peintures murales du xvii<sup>e</sup> siècle. Au mois
de septembre 1849, un élève, chargé de relever
un dessin pour les travaux de l'église, entrevit,
après un lavage, des traces de couleur. M. Baltard et M. Gaudereau furent aussitôt avertis. Ils
montèrent sur les échafaudages, et, ayant fait
plusieurs lavages successifs, ils mirent à nu ces
trésors cachés et oubliés depuis longtemps. C'é-
taient des feuillages fantastiques, des entrelacs

en or, en azur ou en vermillon, d'une viva-
cité surprenante. Ces ornements étaient répandus sur toute l'architecture de la chapelle. Dans
les demi-tympans de l'archivolte on découvrit
des génies d'un grand caractère et sous les cintres des voûtes des fresques admirables.

L'architecte fit un rapport au préfet sur cette
trouvaille si intéressante pour les arts, et obtint
des crédits pour la restauration de ces peintures. Le badigeon épais du xviii° siècle les
avait sauvées de la révolution pour nous les
conserver; on en retrouva encore dans plusieurs
chapelles, et de ce jour date le projet qui a été
réalisé par l'administration municipale de restaurer avec soin les anciennes et d'en exécuter
de nouvelles là où on n'avait rien découvert.
Celles de la chapelle des Saints-Anges furent
les premières réparées, et l'on plaça à droite cette
inscription en lettres d'or :

Les peintures de cette chapelle,
Exécutées vers le milieu
Du xvii° siècle,
Retrouvées sous le badigeon
Ont été restaurées, par les soins
De l'administration municipale
De la ville de Paris
En MDCCCL.

On retrouva aussi intactes, sous le badigeon
des armoiries de famille : *d'azur au chevron
d'or accompagné de trois fers de lance, et d'or
au chevron de gueules, accompagné en tête de*

*deux glands de sinoples et en pointe d'une hure
de sanglier de sable arrachée de gueules.*
Après des recherches faites à la bibliothèque,
les familles ont été retrouvées. On lit dans le
*Catalogue des conseillers du parlement* (Blan-
chard, in-folio, 1645), que Nicole Duval fut conseiller du roi en 1542; Jérôme Duval en 1543. Ce
dernier était fils de Jean Duval, changeur du trésor, receveur et payeur des gages de Messieurs
du Parlement, et de Jeanne Villiers, sa troisième
femme. Jean Duval fut reçu conseiller en 1584,
Nicolas en 1585. Une dame de Corbie, seigneu-
resse de Mareuil et de Brévanes, épousa un
Germain Duval, seigneur de Mesnil, conseiller
et secrétaire du roi, d'où naquirent Tristan Duval, seigneur de Fontenay, François Duval, em-
bassadeur à Rome, et Catherine Duval, femme
de Christophe Harlay, seigneur de Beaumont,
président au parlement, et père du premier président de Harlay. L'un des membres de cette
famille fut décoré des grands ordres, ainsi que
le porte le blason retrouvé.

En étudiant cette généalogie, on peut affirmer
que les donataires peints au-dessus de l'autel,
sont d'abord les trois fils de Tristan Duval, seigneur de Fontenay et Mareuil, à savoir : *Pierre
Duval,* prêtre, qui devint évêque de Séez; *Germain Duval,* conseiller du roi, qui épousa Marie
de Corbie; *Jean Duval,* conseiller du roi en 1584
et changeur du trésor, enfin le quatrième dona-

taire, vêtu comme un bourgeois, serait le fils de ce dernier, *Jérôme*, qui ne s'éleva que plus tard à la dignité de son père.

Cette chapelle, connue sous le vocable de Sainte-Lucrèce et de Sainte-Radegonde, en 1780, a fini par porter de préférence celui des Saints-Anges, que semblaient lui désigner ses peintures. Elles ont été restaurées par M. Cornu, peintre d'histoire. En voici les sujets :

Sur le mur qui fait face à l'autel, le Père éternel, environné des Anges fidèles, assiste au triomphe de l'archange saint Michel, qui précipite dans l'enfer les démons révoltés.

Au-dessus de l'autel, Jésus-Christ apparaît dans sa gloire. Sont à ses pieds sainte Radegonde, reine de France, puis religieuse à Poitiers, et sainte Lucrèce, vierge martyre en Espagne. Cette dernière a devant elle un glaive, mémorial de son genre de mort. Ces deux patronnes, que les donataires avaient fait peindre au-dessus de l'autel, ont, autrefois, été cause que la chapelle prenait leurs noms, et le plus souvent qu'on la désignait sous le vocable de Sainte-Lucrèce seul. Dans la partie inférieure de la fresque sont agenouillés les quatre donataires dont nous avons donné les noms. Leur costume indique le rang qu'ils occupaient dans le monde : le premier et le deuxième sont chevaliers, le troisième est prêtre, le quatrième est en bourgeois, vêtu comme on l'était au XVI<sup>e</sup> siècle.

Les décors anciens de la chapelle, rafraîchis par M. Séchant, ont été copiés dans beaucoup d'autres chapelles. On a très-peu retouché les anges placés dans les demi-tympans. Ils sont dans l'attitude, l'un de la tristesse, l'autre de la prière, et pleurent sur la chute des anges naguère compagnons de leur gloire.

Dans un beau reliquaire Louis XIII, en bois doré, sont exposées des reliques de saint Thomas d'Aquin, le Docteur angélique.

Là reposaient les corps de Marguerite Duval, de Jean Lesecq, bourgeois de Paris, Nicolas Lesecq, seigneur de Bridevalles, chauffecier du roi et scelleur de la grande chancellerie, qui, dans la fondation d'une messe, laisse par testament douze sous à l'organiste et trois au souffleur; Françoise-Madeleine Lesecq, dame de Pennautier, qui habitait avec toute sa famille, rue Coq-Héron, l'hôtel de Gesvres, devenu celui de la Caisse d'Epargne.

CHAPELLE SAINT-ANDRÉ. — De tout temps saint André y fut honoré. On y vénère encore aujourd'hui ses reliques avec celles de saint Philippe; elles sont cachetées d'un sceau épiscopal très-ancien.

La chapelle Saint-André est chère aux artistes entre toutes, par les souvenirs historiques qui s'y rattachent et par les admirables peintures

qu'elle renferme. Elle servit autrefois de berceau à l'Académie royale de sculpture et de
peinture, et de nos jours les fresques d'un
membre éminent de cet institut, lui donnent
une valeur artistique considérable.

La communauté des peintres et sculpteurs,
au commencement de sa fondation, tenait ses
assemblées rue Traînée, avant d'être admise au
Louvre par Louis XIV. Notre chapelle servait
à ses réunions religieuses, à ses anniversaires
de deuil ou de fêtes. Le roi, pour faire honneur
à Antoine Coysevox, son célèbre sculpteur et
recteur de ladite Académie, reconnut son blason comme celui de toute la communauté, lui
permettant d'y ajouter le lis royal, qui seul le
distingue de celui de son chef. Cet écusson,
sculpté au-dessus de l'archivolte, bien conservé
sous le badigeon, le plus beau de tous ceux des
chapelles (il sort peut-être du ciseau de Coysevox), est d'*azur à trois écussons d'argent,
séparés par le lis royal d'or.*

On lit dans une chronique que cette communauté ou académie doit son origine à l'initiative
de Lebrun. On se réunissait chez le sieur Martin
de Charmois, seigneur de Lauré, secrétaire du
maréchal Schomberg. Charmois, plein de zèle
pour les beaux-arts, fut l'auteur de la requête au
roi par laquelle les artistes de la communauté
naissante demandaient l'affranchissement d'une
maîtrise ; elle était signée Lebrun, Sarrazin, Per-

rier, Bourdon, de la Hire, Corneille, Juste d'Eg-
mont, Vanolstat, Hanse, de Guernier, Errard,
Van-Mol, Guillier et Eustache Lesueur.

Appuyés par le chancelier Séguier et le sieur
de la Vrillière, ils obtinrent du Conseil royal un
arrêt favorable. Les statuts une fois composés,
Charmois demanda à un de ses amis la jouis-
sance de plusieurs grandes pièces, dans sa maison située rue Traînée près de Saint-Eustache;
ce fut là que l'académie fît l'ouverture de ses
exercices. Dans le cours de février 1648, elle
loua une autre maison nommée *l'hôtel Clisson*,
rue des Deux-Boules. On s'y assembla jusqu'à
l'époque où, malgré les brigues de Mignard,
malgré une jalouse mésintelligence entre des
artistes qui auraient dû s'estimer et se soutenir,
l'académie fut reconnue et constituée définitive-
ment par arrêt du parlement du mois d'avril
1692, le roi Louis XIV lui accordant une salle
du vieux Louvre. La paroisse Saint-Eustache ne
fut pas moins le berceau de cette académie comme elle l'était déjà de la célèbre Académie française qui tint ses premières réunions chez le président Séguier.

En 1850, à la restauration de l'église, les fresques de cette chapelle historique furent confiées
à un artiste qui devait plus tard faire partie de
l'Académie de peinture. L'illustre peintre de la
*Bataille de l'Alma* et aussi de la *Mort d'une
sœur de charité* et de *la Prière à l'hospice*, Isi-

dore Pils, mort en 1875, en vrai chrétien, a laissé là deux pages magistrales.

En face de l'autel, on admire la scène du martyre. Saint André est cloué à la croix transversale à laquelle il a donné son nom. Il expire en inclinant la tête comme son Maître. Au-dessus, des anges ravissants tiennent les instruments de la Passion. En bas un cavalier, portant l'aigle romaine, repousse une femme chrétienne, venue avec son enfant pour recueillir dans un linge du sang de l'Apôtre. Au-dessus de l'autel, saint André, porté par les anges, s'élève de terre triomphant, les bras tendus vers le ciel. Combien sont charmantes les rondes de petits anges sans ailes qui se déroulent au pied du glorieux martyr! Pils eut toujours une prédilection particulière pour les enfants. Il se sentait attiré vers ces premières grâces de la vie, vers ces formes harmonieuses que ne viennent contrarier ni la brusquerie des mouvements, ni les tensions musculaires. Les anges de ses fresques sont les enfants qu'il voyait et qu'il aimait. Dans les derniers mois de sa vie, il se distrait de ses douleurs en terminant son beau tableau des *Moines lavant les pieds à des enfants le Jeudi-Saint*. Quelles figures d'enfants pleines de grâces et de charmes que lui eût enviées Prudhon !

L'auteur s'arrête ici plus longtemps et parle avec bonheur de ce peintre regretté qu'il voyait souvent dans les dernières années de sa vie au presbytère ou à l'atelier de la place Pigalle. Lui ayant une fois apporté *Fabiola*, pendant quinze jours il fait ses délices de ces scènes de l'époque des persécutions. A chaque page, il trouve un sujet de tableau; il prend ses pinceaux, et il ébauche trois ou quatre Saint-Sébastien. Quelles bonnes heures passées dans l'atelier de cet homme de talent, simple et questionneur comme un enfant! Parmi ses élèves qui le pleurent encore, il en est un que Pils aimait particulièrement; c'est un jeune artiste d'avenir appartenant à une famille de la paroisse.

L'auteur, après sa mort, a reçu comme souvenir la plus grande partie de ses études pour les fresques de la chapelle Saint-André, dessins à la sanguine d'une grande valeur aujourd'hui.

CHAPELLE RICHELIEU, PORTE DE LA MISÉRICORDE. — Richelieu fit élever à ses frais la chapelle. Sous le badigeon, on a retrouvé les insignes du cardinalat. C'est pourquoi, à l'archivolte, on a rétabli son écusson *d'argent à trois chevrons superposés de gueules,* avec chapeau de cardinal, couronne ducale et grande croix des ordres royaux. Piganiol dit qu'elle était placée sous le triple vocable de Notre-Dame de Bonne-Délivrance, de Saint-Christophe et de Saint-Léonard, et que là s'assemblaient les confrères marchands fruitiers et orangers.

Elle fut transformée, avant la Révolution, en

porte d'entrée de l'église qui s'appellera avec le temps PORTE DE LA MISÉRICORDE à cause de ses peintures qui retracent les sept œuvres de la Miséricorde d'après l'Evangile. D'un côté, le pain est distribué à ceux qui ont faim, le vêtement à ceux qui sont nus ; les prisonniers sont visités, les esclaves rachetés. De l'autre côté, l'assistance est donnée aux malades et aux infirmes, le voyageur et l'orphelin reçoivent un asile, les morts sont ensevelis. Ces peintures sont l'œuvre de M. Biennourry.

En 1848, on y a trouvé les tombes de la famille de la Vrillière, dont l'hôtel de ce nom est devenu la banque de France.

CHAPELLE DES CATÉCHISMES. — Erigée en 1403, dans l'ancienne église, par Louis d'Orléans, frère du roi Charles VI, en l'honneur de Saint-Michel et des neuf benoists ordres des anges, elle fut possédée jusqu'en 1602 par les ducs d'Orléans, dont elle porte l'écusson *d'azur et de France au lambel d'argent*, l'écu surmonté de la couronne ducale à huit fleurs de lis et grande croix des ordres royaux.

En 1602, ils la vendirent au président Forget. Plus tard on construisit derrière une vaste chapelle qui fut successivement une sacristie, une salle pour les mariages et le trésor de l'église. Elle sert aujourd'hui aux réunions des catéchismes.

Les peintures de l'entrée sont de Signol. A gauche, le grand sujet représente Jésus enfant enseignant les docteurs dans le temple de Jérusalem; au dessus, la Théologie. A droite, Jésus bénit les enfants, et sous le cintre, on voit la Charité. Au-dessus de la porte, la sainte Vierge montre son Fils au monde, et, de chaque côté, sainte Ursule et sainte Catherine, patronnes des jeunes filles. L'escalier a une balustrade Louis XVI très-remarquable; la grille en fer forgé et doré de la même époque ne l'est pas moins.

Chapelle de la Sainte-Vierge. — Cette chapelle, connue sous le nom de Notre-Dame de Bon-Secours, faisait l'admiration de Sauval pour la richesse de ses marbres, la perfection des boiseries sculptées qui l'entouraient, les tableaux des grands maîtres dont elle était tapissée et le nombre des épitaphes dont ses murs étaient couverts.

Elle servait spécialement aux assemblées de la célèbre Société de Bon-Secours qui était, au xviiᵉ siècle, le centre des charités de l'aristocratie et de la bourgeoisie.

Voici l'inscription qu'on y lisait sur une table de marbre. Bien qu'elle n'existe plus, il est de l'honneur de la paroisse d'en garder le souvenir :

> Les sieurs Jean des Laviers
> Et Charles Gourlain pre-
> miers maistres et gou-
> verneurs de la confrai-

rie de Notre-Dame de Bon-Secours, par la permission de Messire Charles de l'Aubespine, seigneur de Chasteauneuf, garde des sceaux de France, et Messire Jacques Le Brest, conseiller du roy au Chastelet de Paris, et des sieurs Pierre Cadeau et François Robin, marchands et bourgeois de ladite ville, marguilliers de cette église de Saint-Eustache, pour perpétuelle mémoire, ont fait apposer ce tableau faisant scavoir que feue Dame Claire Rouillé, premièrement espouse de noble homme Jean Tronson, escuyer, seigneur du Coudray, conseiller du roy et correcteur des comptes à Paris, puis religieuse professe au couvent de la Visitation dite de Sainte-Marie, au faubourg Saint-Jacques, par son testament et ordonnance de dernière volonté, reçue par Gaultier et Cousinet, notaires, le 17 juin 1631, a légué la somme de 3,200 livres à cette confrairie pour faire deux cents livres de rente pour assister les pauvres nécessiteux de cette paroisse et pour faire instruire quelques pauvres petites filles, dès leur jeunesse, à connaître et à servir Dieu, lesquelles seront nommées par les maistres et gouverneurs de ladite confrairie.

(Apposé le 23e jour de juin 1631.)

*Priez Dieu pour elle.*

En 1846, l'administration municipale de la ville résolut de rendre à cette chapelle son style et sa splendeur première; elle le méritait bien. Elle surpasse en hauteur et en étendue toutes les chapelles terminales des anciennes églises de Paris. Égale en hauteur aux collatéraux, elle s'ouvre, large et grande, au milieu des beaux piliers qui, en cet endroit, se pressent à droite et à gauche du chevet.

La forme en est circulaire. Deux rangs de fenêtres à meneaux l'éclairaient. Afin d'y établir une régularité parfaite, on a été obligé de murer celles du premier rang, dont une était déjà masquée par l'affreuse construction de la salle des catéchismes.

Son architecture est celle des bas-côtés. Par son développement, elle fait ressortir encore mieux les proportions admirables des trois ordres superposés de pilastres et de colonnes italiennes. Quelle légèreté, quelle élégance, quelle audace et en même temps quelle solidité dans cette construction, soutenant une voûte aussi large que celle de la nef et du chœur !

On regrette que cette chapelle soit si peu éclairée. Privée de son premier rang de fenêtres, on a garni les trois grandes qui lui restent de vitraux, très-beaux sans doute, mais beaucoup trop sombres. Le style de Saint-Eustache demande avant tout la lumière.

Comme dans les chapelles latérales, ses murs ont été couverts des plus riches décors et peintures. M. Dénuel, chargé des décors, a peint à la voûte, sur un fond d'azur, un voile blanc, parsemé d'étoiles d'or du plus bel effet. La frise de l'entablement, avec son inscription, tranche heureusement sur d'autres peintures décoratives. En avant de la chapelle se dessinent les litanies de la sainte Vierge, dont les principales invocations sont figurées avec art et délicatesse.

Ary-Scheffer fut, en premier lieu, chargé de peindre les sujets historiques. Étant resté trois ans dans l'inaction à méditer ses plans, il rompit ses engagements envers la ville de Paris. Cou-- ture fut choisi pour le remplacer, et c'est à son talent que l'on doit les trois magnifiques frés- ques qui distinguent cette chapelle. Dans les trois sujets règne une pensée unique, la puissance d'intercession de Marie.

Dans le tableau du centre, la Mère de Dieu triomphe dans le ciel. Le divin Enfant qu'elle tient dans ses bras bénit la terre, sur laquelle un temple nouveau s'élève [du milieu des fleurs. .C'est l'église de Saint-Eustache. Des anges, dans l'attitude de la vénération et de la louange, sont groupés autour de l'Enfant et de la Mère, et leur forment une couronne de gloire. Dans le ta- bleau de gauche, Marie, sous le symbole de l'étoile de la mer, sauve, par sa médiation, les créatures humaines qui voguent sur la mer orageuse du monde. Dans le tableau de droite, elle protège tout ce qu'il y a de faible, de souf- frant et de fragile sur la terre.

Malheureusement ces peintures remarqua- bles ont été exécutées sans le moindre senti- ment religieux : la Vierge est commune; les anges sont superbes de pose et de ton; mais, comme le groupe gracieux de femmes italien- nes priant aux pieds d'une madone dans le sujet de droite, ils regardent en dessous si on les admire. Ces peintures seront moins regrettées lorsqu'après le dégagement de l'église, on ré- tablira le premier rang de fenêtres.

A l'entrée de la chapelle, deux colonnes de marbre supportent l'une l'ange Gabriel, l'autre saint Michel. L'autel, en marbre gris, est un bel autel Louis XIII, bien proportionné et d'un travail achevé. Le tabernacle à colonnettes torse, où s'enroule du lierre, est très-réussi pour notre époque; la statue en marbre blanc qui le surmonte, sculptée en 1743 par Pigalle, provient du dôme des Invalides. Elle fut achetée trois mille francs par M. Bossu, curé de la paroisse. Elle a six pieds quatre pouces de hauteur, c'est une œuvre d'art du XVIIIe siècle, pleine de grâce et de sentiment.

Une inscription, gravée sur une plaque de marbre, à droite de l'autel, rappelle que *cette statue a été bénite par le pape Pie VII, le 28 décembre 1804, en présence du cardinal de Belloy, archevêque de Paris.* Une autre inscription, placée à gauche, constate que *la chapelle a été décorée de peintures, enrichie d'un nouvel autel, par les soins de l'administration municipale, sous le règne de l'empereur Napoléon III, et que les travaux terminés ont été inaugurés le 15 août 1858.* Enfin on a rétabli dans cette chapelle les inscriptions commémoratives des principaux personnages qui y furent enterrés et dont les tombeaux n'existent plus.

CHAPELLE SAINT-LOUIS DE GONZAGUE. — Cette

chapelle était la propriété de Colbert, dont la famille y eut des tombes; le blason de Colbert, *d'or à la couleuvre d'azur posée en pal*, orne son fronton. Elle donnait entrée à une autre chapelle placée sous les charniers. Autrefois les jurés porteurs de blé s'y assemblaient, ainsi que la Société du Saint-Sacrement, composée en majeure partie des passeurs de peaux.

Aujourd'hui cette chapelle est consacrée à saint Louis de Gonzague. Ses charniers ont reçu bien des défunts notables de la paroisse. Ceux qui en terminent la liste sont M. Poupart, curé à l'époque de la Révolution, et une supérieure des Filles de Saint-Vincent-de-Paul.

La chapelle latérale sur les bas-côtés est fermée par une grille Louis XVI, semblable à celle que nous avons déjà admirée; elle enfourait autrefois le haut de l'escalier conduisant à la crypte Sainte-Agnès.

Les peintures sont de M. Bézard et ont été gravées. En voici les sujets : à gauche, saint Louis de Gonzague, à l'âge de 12 ans, se démet du marquisat de Châtillon, en faveur de son jeune frère Rodolphe. Au dessus il communie pour la première fois de la main de saint Charles Borromée, archevêque de Milan. En face, le jeune saint est agenouillé devant le saint Sacrement, dans l'adoration et la prière. Les reliques de ce jeune patron de la jeunesse sont exposées dans a chapelle.

Le tombeau de Colbert lui donne un intérêt artistique inestimable. Transporté au Musée des Petits-Augustins, pendant la Révolution, il fut rendu à Saint-Eustache, vers 1801. Ce monument, exécuté sur les dessins de Lebrun, se compose d'un sarcophage en marbre noir, sur lequel Colbert est à genoux, revêtu du riche costume de l'ordre du Saint-Esprit, les mains jointes et dans l'attitude d'une fervente prière. Aux pieds du monument se tiennent assises l'Abondance et la Religion. Tuby n'a fait que la figure de la Religion, les deux autres sont l'œuvre de Coysevox; la statue de l'Abondance est exquise de forme et d'attitude. La tête de Colbert est d'une belle expression, les draperies sont d'une habileté singulière, les mains admirables. On est heureux de voir un grand homme revivre ainsi sous le ciseau d'un grand artiste.

CHAPELLE SAINT-PIERRE L'EXORCISTE. — Elle porte un blason très-compliqué, *partie d'argent au noyer de sinople*, qui est de Nogaret et de *gueules à la croix vuidée, éléchée et pommelée d'or* qui est de l'Isle Jourdain. Le *chef de gueules chargé d'une croix potencée d'argent et sur le tout d'azur à la cloche d'argent, bataillée de sable*, qui est de Lagoursan Bellegarde S. Lazy. Jean de Nogaret en eut la propriété en 1580, et c'est là que fut inhumé Bernard de Nogaret de la Valette, duc d'Epernon, amiral de France.

Consacrée d'abord à Sainte-Catherine, elle fut mise plus tard sous le vocable de Saint-Pierre l'Exorciste, qu'elle a toujours conservé. Les reliques de ce saint martyr proviennent de Rome, l'authentique est signé par le cardinal Caprara, en date du 9 septembre 1803. Les peintures murales sont plus que médiocres; mais au-dessus de l'autel se voit un tableau que l'on attribue à Rubens, les disciples d'Emmaüs; l'auteur en possède la gravure, qui est de l'époque.

CHAPELLE SAINTE-MADELEINE.—Dédiée autrefois à sainte Madeleine, comme l'indiquent ses anciennes peintures retrouvées sous le badigeon, elle porte encore aujourd'hui le vocable de cette sainte pénitente dont les reliques y sont exposées à la vénération des fidèles. Elles proviennent du reliquaire de l'église paroissiale de la Madeleine et ont été données par Mgr Sibour.

On a placé au-dessus de l'archivolte l'écusson *barré de France*, en souvenir d'une chapelle Sainte-Madeleine fondée dans l'ancienne église par Charles, comte de Valois, duc d'Angoulême, fils naturel de Charles IX et de Marie Touchet de Belleville; les peintures historiques ont été restaurées avec art, par M. Basset. Celles de la voûte surtout sont très-remarquables. Mignard s'en est inspiré pour le dôme du Val-de-Grâce. Dans les quatre compartiments, des anges exécutés de main de maître tiennent des livres, des cahiers ou des instruments de musique et chantent des hymnes de triomphe.

Dans la chapelle, sous le cintre de gauche, Marie-Madeleine vient chez Simon, où le Sauveur avait accepté un repas, et elle verse sur ses pieds des parfums et des larmes. Au-dessous Marie, assise aux pieds du divin Maître, écoute ses instructions dans la compagnie de Lazare, son frère, et d'autres disciples. Marthe lui fait le reproche de la laisser seule chargée du soin de préparer le repas.

Du côté de l'autel, Marie-Madeleine, accompagnée d'autres saintes femmes, vient, avec des parfums, au sépulcre de Jésus, où l'ange leur apparaît resplendissant. Au-dessus elle est retirée dans la grotte dite de la Sainte-Baume, en Provence, où elle termina ses jours dans la pénitence. Quelle richesse de dessin et de coloris possèdent ces anciennes fresques !

Un confessionnal Louis XV d'un beau travail meuble la chapelle.


CHAPELLE SAINT-VINCENT DE PAUL. — Cette chapelle, avant la Révolution, était la propriété de la famille de Bourlon, dont plusieurs membres furent échevins de la ville. Leurs armes ornent le fronton : *d'or à la bande d'azur chargée de trois annelets au champ d'or*. Dans le principe, elle porta le vocable de Sainte-Anne, comme ses peintures l'indiquent assez. Dédiée ensuite à Saint-Mathieu et encore à sainte Anne en 1650, depuis 1803 saint Vincent de Paul en a pris possession, avec ses reliques si précieuses conservées dans un ancien reliquaire Louis XIV. Ce beau reliquaire a été malheureusement détérioré par un restaurateur maladroit qui l'a couvert de verroteries de toutes couleurs. Les reliques de saint Vincent de Paul se composent d'une image teinte du sang du saint prêtre retrouvée légèrement coagulé quand on a ouvert son tombeau, de deux médailles formées de sa chair et de ses os mis en pâte, d'une parcelle de sa chair, de fragments de son suaire, de la soutane qu'il portait de son vivant, de la soutane dont il a été retrouvé vêtu dans sa bière, enfin d'un morceau de cette bière. Le tout est muni du cachet de la Mission et accompagné de quatre authentiques signés par MM. les supérieurs de Saint-Lazare.

On a fait revivre en coloris les personnages placés dans les demi-tympans de l'archivolte. D'un côté saint Louis, revêtu de son manteau fleurdelisé, tient le sceptre et la main de justice; de l'autre côté, la foi, appuyant ses pieds sur la divine Écriture, tient en ses mains le calice.

Cette chapelle à l'architecture élégante est l'une des plus anciennes de l'église, comme celle de Sainte-Madeleine; les peintures qui la décorent à la voûte et sous les cintres sont de 1634. On les attribue, comme nous l'avons déjà dit, à Simon Vouët et à ses élèves qu'il avait fait venir d'Italie. A droite du côté de l'autel, saint Joachim est agenouillé devant un ange qui lui ordonne de consacrer sa fille à Dieu. Sur le second plan, saint Joachim rencontre sainte Anne et lui fait part de sa vision : sainte Anne, les mains croisées sur sa poitrine, s'incline respectueusement. Au dessous la sainte Vierge, accompagnée de sainte Anne et de saint Joachim, se présente au temple. Le grand-prêtre Zacharie lui tend les bras pour la recevoir. La donataire Anne de Monsigot, dame de Bourlon, est représentée assise sur les marches du sanctuaire; un de ses enfants est debout, appuyé sur ses genoux; derrière elle, un autre apparaît revêtu, ainsi que sa mère, du costume que l'on portait vers 1633.

Au bas de ce grand tableau, une imitation de sculpture porte deux anges assis sur la corniche d'un fronton au milieu duquel on a placé les armes des Monsigot : de *gueules au chevron d'argent, en tête deux étoiles d'or, en pointe un lion courant d'or.*

En face de l'autel, dans le tableau du cintre saint Jean est assis, écrivant son Apocalypse. La sainte Vierge lui apparaît dans le ciel, les bras ouverts et entourée de rayons. Au-dessous, dans le grand tableau, sont représentés sainte Marguerite, saint Louis et saint Jean-Baptiste que les Monsigot vénéraient particulièrement. Plus bas, au milieu d'un cartouche soutenu par deux anges on voit un médaillon en camaïeu rouge dans lequel est retracée la naissance de la sainte Vierge. Ce morceau est très-estimé des artistes.

Le plafond, divisé en huit compartiments, contient dans chaque division un ange portant un instrument de la Passion. Les raccourcis y sont admirables; l'ange qui étreint la croix dans ses bras, celui qui enlève la colonne de la flagellation sont d'une expression toute céleste. La clef de voûte sculptée en pierre et dorée présente un caractère original rappelant les beaux temps de la Renaissance.

CHAPELLE SAINTE GENEVIÈVE. —Le fondateur de la chapelle fut Jehan Brice, marchand en gros et bourgeois de Paris, dont la veuve Guillemette de l'Arche, en 1546, accomplit les dernières volontés en la décorant très-richement. On a retrouvé sous le badigeon les armes des Brice, *d'azur au chevron d'or chargé de trois croix de gueules accompagné de trois houppes d'or, deux en chef, une en pointe.*

Dans la suite, cette chapelle avait été acquise

par la famille de Palluau; elle y avait ses armes vers la fin du siècle dernier et ses tombeaux étaient en face. Dédiée dans l'origine, à saint Jean, saint Brice et saint Guillaume, en 1803, on la mit sous l'invocation de sainte Geneviève, dont les reliques y sont honorées, réunies à celles de saint Alphonse de Liguori.

A cette chapelle se rattache un fait historique très-curieux. M. Boblet possède un manuscrit ancien donnant la liste des messes de fondations de la paroisse Saint-Eustache; là, se trouve mentionnée la fondation d'une messe dite de la *Pie voleuse*, qui devait être célébrée à quatre heures du matin, chaque jour, pour la pauvre servante injustement condamnée parce qu'on l'avait crue coupable du vol d'une pièce d'argenterie qui fut retrouvée plus tard dans la toiture d'une église. Cette servante s'appelait Guillemette de l'Arche. Or, nous avons vu dans la généalogie des Brice une dame de ce même nom de famille. Cette servante était-elle proche parente des Brice, et serait-ce pour cette raison que la chapelle est ornée de symboles de tristesse et de mort à l'extérieur?

A l'intérieur, les fresques ont été peintes par M. Pichon. D'un côté saint Germain, évêque d'Auxerre accompagné de saint Loup, évêque de Troyes, prédit aux parents de sainte Geneviève les hauts desseins de la Providence sur leur fille. Au dessus, sainte Geneviève obtient du ciel la guérison de sa mère devenue aveugle.

Du côté de l'autel, la sainte distribue du blé et du pain aux pauvres habitants de Paris qui ont fui à cause de la famine. Le sujet qui domine cette fresque est une ancienne peinture qui donne à la chapelle une plus grande valeur artistique : les anges annonçant aux bergers la naissance du Sauveur.

On admire au-dessus de l'autel une ancienne peinture sur panneau, Tobie et l'ange. C'est un tableau original d'un maître florentin du xvie siècle, Santi di Tito, mort en 1603. Il faisait partie du cabinet du roi Louis XV ; son catalogue en fait foi. Il y est décrit d'une manière fort exacte, mais inscrit à tort sous le nom d'André del Sarte. Vers 1800, il fut donné en cadeau à l'église Saint-Eustache ; et en 1815, il était du nombre des chefs-d'œuvre d'art dont les puissances coalisées avaient fait choix pour être enlevés à la France. Par une pieuse ruse on parvint à le préserver de ce pillage organisé.

Le plafond de cette riche chapelle offre cinq clefs et des caissons d'une facture achevée.

CHAPELLE SAINT-LOUIS. — Dédiée à la sainte Trinité en 1541, cette chapelle était possédée par Guillaume Roillart et sa femme Nicole Gomont. Sans perdre le blason de cette famille, qui est de *gueules à la fasce d'argent accompagnée de trois M à l'antique couronnés d'or*, elle fut souvent désignée sous le titre de Chapelle de Soissons. Restaurée en 1805, elle reçut le vocable de saint Louis, roi de France, qu'elle a toujours conservé depuis. Les meneaux de sa croisée sont ornés de colonnettes élancées. Au-dessous, on remarque les ruines d'un ajustement d'architecture de la même époque. Sous la corniche se trouvent des petites rosaces délicatement fouillées. Ces ruines étaient cachées par une indigne vitrine où étaient exposées les reliques de saint Louis dans un reliquaire ancien (elles sont déposées à la sacristie provisoirement). A cette place, on pourrait facilement ajuster le bas-relief de l'ancien maître-autel perdu dans les magasins du Louvre.

La voûte a de riches compartiments réunis par une clef élégante. Les peintures murales sont l'œuvre de Félix Barrias, qui a choisi dans l'histoire du saint roi, trois épisodes se rapportant à la pratique des trois vertus théologales. Pour exprimer la foi de saint Louis, l'artiste l'a peint portant la sainte couronne d'épines à la Sainte-Chapelle consacrée avec une grande pompe et un grand appareil. Blanche de Castille et Marguerite de Provence, entourée de ses enfants, accompagnent saint Louis. Sous le cintre, la charité de saint Louis lui fait secourir les blessés et les pestiférés. A droite, l'espérance est peinte sur les traits de saint Louis mourant à Tunis, de la maladie qui décime ses troupes. Au-dessus, les vertus théologales enlèvent le saint roi au ciel.

CHAPELLE DES MÉNARDEAU. — ENTRÉE DE LA SACRISTIE. — L'écusson des Ménardeau est *d'azur à trois têtes de licorne d'or*. Cette chapelle, qui, aux XVIIe et XVIIIe siècles, servait de vestibule aux charniers est aujourd'hui l'entrée de la sacristie. Vers 1778, une tribune, où l'on entre par le presbytère, fut établie sous la voûte par madame la duchesse d'Orléans, désirant jouir de la solitude lorsqu'elle assistait aux offices. Elle y fit sculpter ses armes; on en voit la trace au milieu des boiseries qui couronnent la porte de la sacristie; c'était Louise-Marie-Adélaïde de Bourbon-Penthièvre, qui avait épousé, le 5 avril 1769, Louis-Philippe-Joseph, duc d'Orléans, de Valois, de Chartres, d'Aumale, de Montpensier, par conséquent la mère du roi des Français Louis-Philippe, décédée duchesse douairière d'Orléans en 1821.

Les sculptures de cette tribune et des boiseries de la porte sont appréciées par tous les connaisseurs. Elles sont du Louis XVI le plus pur et le plus achevé.

Où sont les trésors que contenait autrefois la sacristie de Saint-Eustache?.... Pour nous consoler de leur disparition, il reste cependant un beau Christ en ivoire, datant de Louis XIII. Placé trop haut, au-dessus du grand meuble de la sacristie, il est difficile d'en admirer l'expression pleine de douleur.

CHAPELLE SAINT-EUSTACHE. — Cette chapelle, fondée par Jacques Lasnier, vers 1586, devint la propriété de la famille Le Prêtre, dont elle porte le blason d'*azur au chevron d'or, accompagné en chef de deux besans de même, et en pointe d'une couronne également d'or*. Un grand nombre de membres de cette famille reçurent leur sépulture soit dans la chapelle, soit dans l'église.

Connue d'abord sous le vocable de Saint-Jacques et Saint-Philippe, elle fut consacrée au patron de l'église en 1803. On y expose ses précieuses reliques, qui méritent une mention particulière. Elles sont renfermées dans un reliquaire formant une croix grecque, et constatées véritables par un authentique de Mgr Sibour, en date du 25 novembre 1851. Cet authentique récapitule toutes les pièces soumises à l'examen de Sa Grandeur :

1° Un os de saint Eustache, provenant du cimetière de Sainte-Priscille, donné en 1660, par le pape Alexandre VII, au sieur Chauvin, membre de l'assemblée de Bon-Secours; 2° une dent conservée autrefois dans le trésor de l'église

Saint-Jacques-l'Hôpital; 3° deux fragments d'os, deux phalanges, diverses particules des os de sa femme et de ses enfants, enfin des linges avec des segments de bois, de pierre, de plomb, extraits du tombeau de ces saints. Ces dernières reliques provenaient de l'abbaye de Saint-Denis.

On voyait autrefois quelques vestiges du blason de Le Prêtre de Vauban, maréchal de France, sur les murs de la chapelle; ils étaient en trop mauvais état pour être réparés.

Les peintures historiques confiées à M. Le Hénaff, sont les seules exécutées de cette manière et dans un ton semblable; elles imitent les fresques des premiers siècles du Christianisme. Les sujets étudiés avec conscience sont rendus avec sentiment. Mais que le dessin en est incorrect et le fond gris monotone!

A gauche, Placide, agenouillé, saisi d'une sainte terreur à la vue du prodige qui lui apparaît, sent son âme s'ouvrir à la foi chrétienne. La partie supérieure de la fresque nous montre un baptistère des catacombes. Placide reçoit le nom d'Eustache. A droite, Eustache quitte avec sa famille sa maison dévastée; au dessus, avec tous les siens, il arrive près du taureau d'airain où il va souffrir un martyre affreux.

La voûte de la chapelle, ornée de cinq pendentifs, contient huit caissons à rosaces, sculptés délicatement.

CHAPELLE SAINT-JOSEPH. — Au-dessus de l'archivolte et dans les décors, on voit le blason des Fiesque et des Strozzi, le premier *bandé d'argent et d'azur de six pièces*, le second *d'or à la fasce de sable, chargée de trois croissants tournés d'argent* pour Strozzi, femme de Fiesque. Elle était dame d'honneur de la reine Marie de Médicis. Ayant acheté la chapelle en 1586, elle la fit décorer très-richement. Elle était alors dédiée à saint François. En 1780 elle porta le vocable de Saint-Barthélemy et en 1800 celui de Sainte-Monique. Le 18 mars de la présente année, veille de la fête de saint Joseph, Son Eminence le Cardinal Guibert l'a mise solennellement sous ce dernier vocable, en consacrant l'autel exécuté dans le style de l'Eglise.

Tout en pierre de Tonnerre, il se compose d'une grande et magnifique table reposant sur des pilastres adossés au mur et sur deux colonnes pleines dont les chapiteaux sont ornés de palmettes et les bases de feuilles d'acanthe. La console sous la table s'appuie sur une tête d'ange Louis XIII. La chapelle était digne de son vocable nouveau. On l'appelait autrefois la chapelle d'Emmaüs, à cause d'une belle fresque de 1605 attribuée à Simon Vouët, représentant Notre-Seigneur et ses deux disciples sur le chemin d'Emmaüs. Les autres peintures, également anciennes, sont de la même école; à droite, la Résurrection de Jésus-Christ, au milieu des gardes endormis; en face, ses trois Apparitions à Madeleine, aux saintes femmes et aux disciples d'Emmaüs, sujet principal du tableau; sous le cintre, l'Assomption de la sainte Vierge en présence des douze Apôtres, composition d'une grande richesse de coloris. Un espace de deux mètres sur 1<sup>m</sup> 60 reste libre; l'Architecte de la ville, M. Vaudremer, se propose d'y faire peindre la consécration de l'autel et de la chapelle Saint-Joseph par Mgr l'archevêque.

CHAPELLE DE LA COMPASSION. — La famille Claude de Bullion, garde des sceaux et surintendant des finances, dont l'hôtel se retrouve rue Jean-Jacques Rousseau, posséda longtemps cette chapelle; ses armes y ont été rétablies, *écartelées au 1<sup>er</sup> et 4<sup>e</sup> d'azur, coupé et fascé, ondé d'argent et d'azur de six pièces au lion naissant d'or; au 2<sup>e</sup> et 3<sup>e</sup> d'argent à la bande de gueules accompagné de six coquilles de même en orle.*

Au xviii<sup>e</sup> siècle, on désignait la chapelle sous le titre de la Vierge de l'Assomption, à cause d'un tableau qu'on y voyait en face de l'autel. Retrouvée sous le badigeon, en 1854, cette peinture était d'une si faible exécution que l'on n'a pas cru devoir la restaurer. Peu de temps avant la Révolution, elle était destinée aux baptêmes. En 1855, le Baptistère ayant été établi définitive-

ment dans la chapelle voisine, elle fut consacrée
à la Compassion de Notre-Dame.

La Confrérie si nombreuse de la Bonne-Mort
et de Notre-Dame des Sept-Douleurs l'entretient
d'une manière fort édifiante et y tient ses
réunions de chaque semaine.

Les décors ont été retrouvés sous le badigeon
dans un état parfait de conservation. A la voûte,
quatre anges admirables, également anciens,
portent les instruments de la Passion; ils con-
solent de la vue des peintures murales modernes
dont personne ne conteste le peu de valeur.
L'autel, au contraire, surmonté du groupe nou-
vellement décoré de la Mère de Douleur, a été
bien traité. Il a été posé en 1868, lorsque Mgr
Coullié, coadjuteur d'Orléans, dirigeait la
confrérie. Le tablier de cet autel Renaissance
se compose d'un bas-relief représentant la
mort de saint Joseph entre les bras de Jésus
et de Marie; les anges qui l'accompagnent, le
tabernacle, tous les ornements sont d'une bonne
exécution et agréablement rehaussés de dorures.


CHAPELLE DES FONTS. — En souvenir d'une
chapelle fondée à cette place, dans l'ancienne
église, par la famille de Nicolay, on a sculpté au
fronton ses armes *d'azur au levrier courant
d'argent accolé de gueules et bouclé d'or.* Plusieurs membres de cette famille furent inhumés

dans la suite, dans la nouvelle chapelle. On lit dans le *Journal d'Henri IV*, page 128 :
« Le mercredi 3 septembre 1603, Mme de
» Nicolay, mère de Monsieur le Président de
» Nicolay, conseiller d'Etat et premier président
» de la chambre des Comptes, fut enterrée dans
» l'église Saint-Eustache en grande pompe et
» magnificence. »

Au xviii<sup>e</sup> siècle, elle était consacrée à Saint-Denis et contenait des reliques de ce martyr, patron du diocèse de Paris. Après la Révolution, cette chapelle devint celle du Saint-Sacrement, et en 1832, celle de Notre-Dame des Sept-Douleurs. Aujourd'hui c'est le Baptistère.

Ses peintures peu remarquables ont pour sujets le baptême de Notre-Seigneur par saint Jean-Baptiste, dans les eaux du Jourdain, et au dessous la piscine de Bethsaïde; en face, Jésus-Christ donne aux apôtres la mission de baptiser toutes les nations et il confie à saint Pierre les clefs du royaume des Cieux. En bas, Moïse reçoit les tables des commandements.

Le pendentif de la voûte est de toute beauté. Sous la croisée se trouve une bonne copie d'un tableau de Rubens, l'Adoration des Mages, dont le dessin est au Louvre; à gauche on voit suspendu un chef-d'œuvre du commencement du xvii<sup>e</sup> siècle, un crucifix en ivoire brun d'une très-grande valeur.

CHAPELLE DE LA RÉDEMPTION. — Une clôture en boiseries à claire-voie, composée de colonnettes doriques, ferme cette dernière chapelle. C'est une belle pièce de menuiserie de la fin du XVIIIe siècle. Depuis longtemps, on y avait établi la lampisterie. L'installation récente du gaz laisse cette chapelle sans affectation particulière.

Autrefois on l'appelait la chapelle de Penthièvre, du nom de son fondateur, dont elle porte l'écusson *de France au bâton percé en barre de gueules, couronne ducale et insignes de grand amiral*. M. Gaudereau dit avoir connu plusieurs vieillards de la paroisse qui se ressouvenaient encore y avoir vu le noble prince accompagné de Mme de Lamballe, sa fille, entendant l'office à certaines fêtes ou y faisant célébrer le saint sacrifice par son chapelain.

Aujourd'hui on l'appelle la chapelle de la Rédemption à cause des belles fresques peintes par M. Glaize : la chute de l'homme est rappelée d'un côté par l'expulsion d'Adam et Eve du Paradis terrestre. Au dessus, Jésus-Christ meurt sur la croix et les âmes des justes sortent des enfers pour monter au ciel. Du côté opposé, la tristesse et les misères de l'état de péché sont figurées par les Juifs captifs à Babylone chantant le cantique *Super flumina Babylonis;* dans le haut, Jésus-Christ vient de naître. Marie et Joseph le présentent à toutes les nations, la rédemption est proche. Il est à regretter que toutes ces peintures soient presque invisibles.

Notre visite des chapelles latérales est terminée. Remarquons à côté de nous le tableau qui occupe le dessus de la porte vitrée. Peint par Caminade d'après le Dominiquin, il représente le martyre de sainte Agnès et fait pendant à celui du martyre de saint Eustache par Simon Vouët. A gauche de cette porte, nous trouvons le médaillon en marbre du curé Robert Secousse. On a l'intention de rétablir au dessous l'ancienne épitaphe, qui répondrait à celle de Chever :

### CI-GIT

Mᵉ Jean-François-Robert Secousse
Docteur de la société royale de Navarre
Curé de cette Eglise pendant 42 ans,
Doyen de MM. les Curés de Paris
Et bienfaiteur de la paroisse
Il mourut le 16 Avril 1771

Fils et frère de nobles conseillers du Roy
Avocats au parlement
Savants illustres, orateurs distingués;
Distributeur fidèle
De leurs abondantes aumônes,
Fondateur de la communauté des Prêtres
De la paroisse Saint-Eustache en 1755,
Sa piété, son zèle, sa charité
L'ont rendu l'une des gloires
Du clergé de Paris.

Il ne reste plus rien à faire aujourd'hui à l'intérieur de Saint-Eustache. Rivalisant ensemble depuis 1844 pour obtenir ce résultat, l'administration municipale de la ville, le conseil de fabrique et les curés de la paroisse n'ont reculé devant aucune dépense. Le 16 décembre 1844, l'église fut menacée d'une complète destruction, par l'incendie de l'orgue, que venait de restaurer un célèbre facteur. Les voûtes, jusqu'à la distance correspondant au banc d'œuvre et à la chaire, furent calcinées ou lézardées, celles des collatéraux endommagées aussi et noircies; les fenêtres furent brisées de tous côtés.

L'église apparaissait enfumée, sale et dévastée; mais heureusement tout pouvait se réparer. En 1845 commencèrent les travaux de restauration, les grandes voûtes furent reprises et refaites à neuf dans les trois premières travées de la nef, et la beauté de cette portion du monument fit désirer le grattage de tout le reste. Heureux incendie! peut-on presque dire; ces travaux attirèrent l'attention universelle sur une église dont on avait longtemps méconnu l'architecture incomparable.

En 1850, M. Baltard, célèbre architecte de la

ville, fut appelé à reproduire dans tous leurs détails les plans de Dominique de Cortone, dont on s'était plus ou moins écarté depuis deux siècles. Il a attaché son nom d'une manière impérissable à ce monument restauré par ses soins. M. Baltard présida au grattage général et au perfectionnement de mille détails cachés sous le badigeon ou laissés toujours inachevés; il obtint enfin de la ville l'ornementation de toutes les chapelles, après la découverte des peintures précieuses dont nous avons parlé.

M. Deguerry était curé de Saint-Eustache, à l'époque de l'incendie des grandes orgues. Il fait un appel à Paris, et à la France entière. Sa voix est entendue, et une loterie célèbre rend à notre église un instrument qui surpasse de beaucoup celui dévoré par les flammes. Le 26 mai 1854, cet orgue colossal, avec son buffet d'une structure du meilleur style, vint couronner tous les travaux de restauration. C'est donc au glorieux otage de la Commune que Paris, les beaux-arts, la religion et la paroisse doivent ce chef-d'œuvre si renommé.

Depuis 1849, M. Deguerry avait la cure de la Madeleine. M. Gaudereau l'avait remplacé à Saint-Eustache. C'est lui qui eut le bonheur de voir l'église sortir des ruines de l'incendie plus belle et plus brillante que jamais, ornée de magnifiques peintures et pourvue de la chaire, des orgues, des lampadaires et de nouvelles cloches.

Sous M. Simon, tout le transept nord fut restauré par la ville ; la fabrique fit alors établir à ses frais deux puissants calorifères, qui chauffèrent bientôt l'immense vaisseau de Saint-Eustache, et eurent le double avantage de conserver les peintures et de satisfaire les fidèles devenus bien plus exigeants que leurs pères.

Aidée par la ville, la fabrique fit ensuite fermer toutes les chapelles latérales par d'élégantes grilles en fer forgé. Le bon curé, de son côté, pensait surtout à embellir le chœur. L'ayant débarrassé du lutrin et de l'orgue d'accompagnement, il surveilla avec un soin jaloux la pose de la mosaïque de marbre qui en est le principal ornement. Quelle ne fut pas sa joie le jour de Pâques 1869, lorsqu'il put se mirer dans les beaux marbres de la rosace centrale ! En même temps, deux ambons délicatement ciselés étaient posés à l'entrée du chœur, et un gracieux couronnement sur les plus hautes stalles.

Le jour où M. Simon fut arrêté pendant la Commune, il avait sur lui 3000 francs destinés au marbrier du chœur. Cette somme importante fut déposée au greffe de la police municipale ; mais elle ne lui fut pas rendue avec la liberté. Cet argent paraissait donc fort aventuré, lorsque, le lundi de Pâques, notre curé vit arriver à la sacristie e secrétaire de Raoul Rigault qui l'avait ramené la veille dans la nuit. Après avoir exprimé à M. Simon l'impression qu'avait produite sur lui la vue de la messe de Pâques et la réception que les fidèles lui avaient faite : Je pense à votre argent, M. le curé; vous a-t-il été rendu ? — Non, Monsieur. — Où l'avez-vous déposé ? — Au bureau de la police municipale. — Cela suffit. — Il part aussitôt et revient une demi-heure après, rapportant intacts les trois mille francs du marbrier.

Le successeur de M. Simon n'est pas resté en arrière de ses devanciers, au contraire. M. Scheltien vient de faire établir le gaz dans des conditions dignes de Saint-Eustache. Le conseil de fabrique, comme par le passé, n'a pas reculé devant cette grosse dépense, gage de grandes économies pour plus tard. Le système adopté, unique à Paris, a parfaitement réussi. De magnifiques appareils prenant le gaz sous les dalles de l'église, éclairent de leurs mille feux le chœur, la nef et les bas-côtés. Aux grands offices du soir, quand tout est allumé, les lignes de l'architecture se dessinent merveilleusement aux regards, emportant la pensée et le cœur plus haut que terre.

Les offices de Saint-Eustache doivent surtout leur réputation à la bonne musique que l'on y entend toujours. Que de fois l'Académie de musique, pour exécuter ses chefs-d'œuvre, n'a-t-elle pas choisi cette église dont la conformation satisfait si bien à toutes les lois de l'acoustique et se prête aux grands effets de l'harmonie ! Chaque année, il y a plusieurs auditions de messes des grands maîtres, et le vendredi saint on exécute le *Stabat* de Rossini. Le grand orgue contribue largement à cette réputation de Saint-Eustache ; mais, ayant souffert beaucoup à la Commune et n'ayant pas été nettoyé depuis 25 ans, il demandait une réparation complète. Le devis montait à 30,000 francs ; M. le curé et MM. les membres du conseil de fabrique l'ont surchargé encore. Ils veulent profiter de la réparation indispensable de cet orgue pour l'augmenter considérablement et l'enrichir de tous les progrès de l'art moderne, afin de le remettre au premier rang aussi bien par son importance et le nombre des claviers et des jeux que par la perfection de son mécanisme et de sa sonorité. Cet instrument sans pareil se composera de cinq claviers, quatre manuels et un de pédales, sur lesquels répondent 4356 tuyaux représentant l'échelle complète de sonorité depuis l'*ut* grave de 32 pieds jusqu'au *fa* aigu du Piccolo : soit une étendue de 10 octaves. Cette armée de tuyaux pourra être commandée par l'exécutant, au moyen de 78 registres et de 20 pédales disposées avec une clarté et une simplification que saura apprécier tout artiste un peu au courant de ces gigantesques instruments.

Une soufflerie très-abondante (12 mètres cubes d'air comprimé à différents degrés de pression) alimentera tous les jeux et servira au fonctionnement des moteurs pneumatiques adaptés aux claviers, aux registres et aux pédales de combinaisons.

La partie harmonique a reçu des perfectionnements remarquables : l'addition de nouveaux jeux, le remplacement d'un certain nombre des anciens, la transformation de ceux conservés, le répertoire des jeux augmenté de toutes les conquêtes modernes, les jeux de fond devenus plus amples et le grand chœur plus puissant. La sonorité si belle, si splendide, si célèbre de l'orgue de Saint-Eustache, la plus remarquable peut-être parmi les grandes orgues actuelles, sera **agrandie** et deviendra plus belle, plus splendide, plus remarquable encore.

Cette reconstruction complète, commencée depuis dix-huit mois, se poursuit avec une grande activité. Le facteur lyonnais et parisien si connu, M. J. Merklin, espère terminer son travail vers le mois d'août et le soumettre, dans l'église même, au jury de l'Exposition.

FIN

# TABLE

—

## HISTOIRE DE SAINT-EUSTACHE

Paris-Auteuil. — Imp. des Apprentis orphelins. Roussel, 40, rue La Fontaine.